O MUNDO DO
BARTENDER

ADMINISTRAÇÃO REGIONAL DO SENAC NO ESTADO DE SÃO PAULO
Presidente do Conselho Regional: Abram Szajman
Diretor do Departamento Regional: Luiz Francisco de A. Salgado
Superintendente Universitário e de Desenvolvimento: Luiz Carlos Dourado

EDITORA SENAC SÃO PAULO
Conselho Editorial: Luiz Francisco de A. Salgado
Luiz Carlos Dourado
Darcio Sayad Maia
Lucila Mara Sbrana Sciotti
Luís Américo Tousi Botelho

Gerente/Publisher: Luís Américo Tousi Botelho
Coordenação Editorial: Verônica Pirani de Oliveira
Prospecção: Andreza Fernandes dos Passos de Paula, Dolores Crisci Manzano, Paloma Marques Santos
Administrativo: Marina P. Alves
Comercial: Aldair Novais Pereira
Comunicação e Eventos: Tania Mayumi Doyama Natal

Edição e Preparação de Texto: Adalberto Oliveira e Heloisa Hernandez do Nascimento
Coordenação de Revisão de Texto: Marcelo Nardeli
Revisão de Texto: Isabela Talarico
Coordenação de Arte, Projeto Gráfico, Capa e Editoração Eletrônica: Antonio Carlos De Angelis
Fotos: Luis Gustavo Benedito – Grupo Photo (pp. 24, 56, 57, 124, 131, 133, 135, 137, 152, 155, 157, 165-253) e Adobe Stock (pp. 1, 3, 4, 5, 10, 11, 42, 43, 62, 65, 67, 69, 72, 75, 77, 78, 79, 81, 85, 87, 93, 95, 97, 111, 114, 115, 149, 159, 160, 161, 254, 280)
Impressão e Acabamento: Gráfica Maistype

Proibida a reprodução sem autorização expressa.
Todos os direitos desta edição reservados à
Editora Senac São Paulo
Av. Engenheiro Eusébio Stevaux, 823 – Prédio Editora
Jurubatuba – CEP 04696-000 – São Paulo – SP
Tel. (11) 2187-4450
editora@sp.senac.br
https://www.editorasenacsp.com.br

Dados Internacionais de Catalogação na Publicação (CIP)
Jeane Passos de Souza – CRB 8ª/6189

Cardoso, Pedro Alves
O mundo do bartender / Pedro Alves Cardoso, Luísa Corrêa. –
São Paulo : Editora Senac São Paulo, 2020.

Glossário.
Bibliografia.
ISBN 978-65-5536-213-8 (Impresso/2020)
eISBN 978-65-5536-214-5 (ePub/2020)
eISBN 978-65-5536-215-2 (PDF/2020)

1. Bebidas   2. Serviços de bares – Administração   3. Coquetéis
(receitas e preparo)   4. Mixologia   I. Corrêa, Luísa.   II. Título.

20-1170t

CDD – 641.874
BISAC CKB006000

Índice para catálogo sistemático:
1. Arte da coquetelaria : Serviços de bares e bebidas :
Administração   641.874

PEDRO ALVES CARDOSO
LUÍSA CORRÊA

O MUNDO DO
BARTENDER

EDITORA SENAC SÃO PAULO . SÃO PAULO . 2020

Sumário

Nota do editor

Nesta publicação, Pedro Alves Cardoso e Luísa Corrêa, a partir de sua experiência na área, explicam ao leitor o ambiente e a rotina de trabalho do bartender, mesclando conteúdo técnico à cultura, aos aspectos sociais das bebidas e ao empreendedorismo.

Assim, o livro discute desde a organização de um bar até o perfil profissional demandado, com dicas para aperfeiçoar e promover serviços, além de reunir amplo repertório sobre bebidas, abordando métodos de produção, variedades e harmonizações. Para finalizar, são apresentadas receitas de coquetéis, complementadas com um glossário explicativo dos termos comuns do setor e tendências da coquetelaria.

Ao publicar este livro, o Senac São Paulo tem como objetivo prover conhecimento para que todos os interessados na profissão possam entender melhor as dinâmicas de trabalho envolvidas, além de saber mais sobre a história das bebidas e suas propriedades, fomentando novas criações de coquetéis e negócios.

Apresentação

Os setores de bebidas, gastronomia e hotelaria têm se tornado cada vez mais complexos e sofisticados conforme se desenvolve o gosto de consumidores que têm acesso ao mundo inteiro com um clique, por meio das mídias sociais.

Os profissionais dessas áreas devem se manter informados sobre mudanças, tendências, evoluções tecnológicas e até mesmo sobre modismos para atualizar o estabelecimento em que trabalham, como colaboradores ou proprietários. Ao mesmo tempo que desempenham o papel de vendedores, esses profissionais devem atuar de acordo com parâmetros legais e morais estabelecidos pelo mercado.

Nesse cenário, a exemplo de muitos *chefs* modernos, destaca-se o bartender, um personagem público, com contato direto com o cliente e um agente de mudanças.

O bartender tem como função preparar e servir bebidas, simples e compostas, o que implica conhecer os diferentes tipos de bebidas (alcoólicas e não alcoólicas), seus países de origem, seus processos de elaboração, bem como as doses e os copos mais adequados para servi-las.

Como consequência, as exigências em relação ao trabalho do bartender têm aumentado bastante, a ponto de se realizarem congressos e concursos internacionais no âmbito da profissão.

E vale a pena investir nesse conhecimento? Pesquisas mostram que embora o consumo de bebidas curtas, muito alcoólicas ou shots tenha aumentado entre os jovens, as campanhas antialcoolismo e o próprio envelhecimento das populações fizeram disparar a procura por bebidas de baixo teor alcoólico.

Assim, nosso objetivo é que o leitor compreenda as qualidades inerentes de cada bebida, entenda as técnicas corretas para misturá-las e saiba como servi-las de maneira adequada, com a decoração mais interessante ao perfil de seu cliente.

Este livro tem, também, o intuito de fornecer as ferramentas fundamentais a quem deseja iniciar carreira e se desenvolver nesse setor, razão pela qual serão abordados tópicos como perfil profissional, dicas e oportunidades da área.

PARTE I
Introdução

História social da bebida

Ao longo do tempo, a bebida alcoólica ocupou um espaço muito especial na vida das pessoas. Primeiro, foi utilizada nos ofícios de adoração aos deuses – o que, aliás, acontece até hoje em algumas religiões. Depois, passou a ser servida em encontros e celebrações importantes, como uma maneira de celebrar a união, a vitória e a confraternização. Pense bem: um brinde nada mais é do que uma homenagem direta, a uma pessoa ou a um acontecimento, feito usualmente com bebida alcoólica. Foi com a evolução das sociedades que a bebida encontrou um lugar "para chamar de seu": o bar.

Bar, boteco, botequim, tasca ou taberna são lugares para a venda de bebidas alcoólicas e não alcoólicas. O nascimento dos bares se perde no nevoeiro do tempo... Depois que parte da humanidade deixou de ser nômade, algumas casas começaram a oferecer pouso, comida e bebida aos que precisavam empreender viagens a povoados mais distantes.

Até onde se sabe – pelos sinais residuais de cerveja encontrados em potes de cerâmica onde hoje fica o Irã e de mel (cuja fermentação dá origem ao hidromel) encontrados no nordeste da China, além de grainhas de uvas encontradas em *kevris* (ânforas) na Geórgia –, a existência da bebida alcoólica data de 7.000 a.C. a 6.000 a.C.

Sabe-se também que os europeus consumiam bebida alcoólica desde a Idade do Bronze, mas foi a partir do crescimento do Império Romano, com a consequente chegada dos soldados de seu volumoso exército e com a construção das movimentadas rodovias romanas, que os locais em que os viajantes podiam comer, beber e descansar começaram a se popularizar.

Após a queda do Império Romano, esses locais evoluíram para propiciar o encontro do povo da região – aqui está a origem da palavra *pub* (público), como foram e ainda são chamadas essas casas na Inglaterra.

Eles se espalharam rapidamente pela Inglaterra, tornando-se tão comuns que, em 965 da nossa era, o rei Edgar decretou que não deveria haver mais de uma cervejaria por vila. Edgar era denominado "o Pacífico", mas poderia ter sido chamado também de "o Otimista", se achava que os ingleses se contentariam com um bar por vila.

Além de *pub*, os primeiros nomes dados a locais que ofereciam pousada, alimento e alguma bebida foram:

» **inn**, provavelmente relacionada com a preposição *in* (dentro) e designava hospedagem, geralmente oferecendo bebidas também.

» **saloon**, uma forma anglicizada do *salon* em francês, originalmente significando uma grande sala de recepção (salão), muitas vezes em um hotel.

O século XVIII viu um enorme crescimento no número de estabelecimentos de bebidas, principalmente em virtude da introdução do gin, trazido para a Inglaterra pelos holandeses após a Revolução Gloriosa de 1688. À medida que milhares de bares de gin iam surgindo em toda a Inglaterra, os fabricantes de cerveja lutavam para aumentar o número de cervejarias.

Em 1740, a produção de gin era seis vezes maior que a da cerveja e, em razão de seu preço baixo, a bebida tornou-se popular entre os pobres, levando ao chamado *gin craze*, a loucura do gin. Mais de metade dos 15 mil estabelecimentos de bebidas em Londres vendiam gin. A embriaguez e a ilegalidade criadas pela bebida levaram à ruína e à degradação das classes trabalhadoras. Os diferentes efeitos da cerveja e do gin foram ilustrados por William Hogarth em suas gravuras *Beer street* e *Gin lane*, ambas de 1751, na tentativa de conscientizar a população dos males do consumo de bebidas alcoólicas em excesso.

Décadas depois, na intenção de "reduzir a embriaguez pública", provocada pelo consumo do gin, o governo introduziu o *Beer Act* de 1830, buscando favorecer o consumo da cerveja, pois, na época, a cerveja era vista como inofensiva, nutritiva e até saudável. Muitas vezes, as crianças tomavam cerveja preparada para ter um baixo teor de álcool, já que a água era frequentemente contaminada.

Foi diante desse ambiente de bebedeira desenfreada que surgiu o *snug*, uma sala pequena e privada, com um vidro fosco na altura da cabeça, impedindo que se visse quem estava ali. Essas salas eram destinadas a clientes ricos, senhoras da sociedade e até o policial ou o padre local.

Surge aí uma oportunidade: a de oferecer bares distintos a públicos diferentes.

■ OS TIPOS DE BARES

A palavra *bar* também tem uma origem muito debatida. Alguns dizem que deriva de uma contração da palavra barreira, *barrier* em inglês. Até hoje, em alguns países da Europa, o lugar dedicado à venda de bebida alcoólica nos estabelecimentos é separado do resto da sala com uma parede, onde antes ficava a tal barreira (*barrier*).

Há quem diga que deriva de barril, visto que a bebida era transportada dentro dele pelos gauleses. Outros dizem que o termo *bar* vem da contração da palavra barrado, *barred*, em inglês, porque as portas de alguns locais foram fechadas com placas durante a vigência da Lei Seca.

Ainda há quem diga que a palavra bar é derivada de balcão (antigamente rodeado de uma barra), onde as bebidas eram servidas.

Os tipos de bares mais conhecidos:

» **American bar**. É o mais luxuoso e íntimo, o "palácio dos bares". Gerenciado por um chefe de bartender e sua brigada, atende a uma clientela internacional. Podem-se degustar várias bebidas, inclusive coquetéis. Não tendo o cardápio como estrela, aqui o ator principal é o bartender, que cria receitas inéditas a pedido do cliente.

» **Bar de hotel.** Alguns grandes hotéis são dotados de um bar de luxo, que atende à demanda do cliente cosmopolita e assegura o serviço das bebidas nos andares, salões e restaurantes. O pessoal desse tipo de bar é de alta qualificação profissional.

» **Bar de restaurante.** É integrado a um quadro de colaboradores do restaurante, com o auxílio de vários cumins, que asseguram o serviço de bebidas, aperitivos e digestivos.

» **Bar discoteca.** Seu ponto forte é a música e um local para dançar, frequentado principalmente por jovens, onde são servidas bebidas alcoólicas e não alcoólicas.

» **Bistrô.** Restaurante típico da França, geralmente com poucos lugares e cardápio de comidas e bebidas (especialmente vinhos) requintado.

» **Boteco.** Típico do Brasil, os botecos se originaram dos primeiros comércios dos portugueses em solo brasileiro, as *bodegas*, que vendiam produtos conhecidos como *secos e molhados*.

» **Cocktail bar.** É um bar de luxo. Oferece à clientela desde bebidas tradicionais até uma variedade de coquetéis, com ou sem álcool, geralmente gerenciado por um bartender profissional.

» **Piano-bar.** Também um bar de luxo. A partir das 19 horas, torna-se um ambiente musical: um pianista toca enquanto os clientes degustam suas bebidas. Esses locais são atualmente raros de encontrar, mas tiveram um papel muito importante na cultura da coquetelaria clássica.

» **Bar típico ou temático.** De origem americana (EUA), trata-se de um bar ou restaurante em que um tema é escolhido e representado no cardápio. Esse tema pode ser um país, um estado, uma cidade, uma região ou a própria Lei Seca e seus famosos *speakeasies* (bares secretos).

» **Wine bar.** O vinho é o destaque. Pode ser vendido em garrafas ou em taças. O cardápio de pratos é montado para harmonizar com os vinhos oferecidos, o que chamamos de enogastronomia. Os coquetéis são elaborados à base de vinhos, como as sangrias.

» **Tiki cocktail bar.** Estabelecimento de bebidas temáticas exóticas, que serve coquetéis elaborados com base no rum, como o mai tai e o tiki zombi. São esteticamente definidos pela sua decoração, que se baseia numa concepção romantizada de culturas tropicais, mais comumente a da Polinésia.

ÁLCOOL, RESPONSABILIDADE E ASPECTOS LEGAIS

A LEI SECA

Durante o século XIX, a Europa experimentou a Revolução Industrial, uma era de muito progresso, em que várias comodidades da vida moderna foram inventadas, produzidas e fabricadas em massa.

Foi um período muito rico da história, tanto em termos tecnológicos como em termos de mudanças sociais. Milhares de pessoas que só tinham como possibilidade de sobrevivência a atividade rural ou o trabalho doméstico agora podiam contar com salários regulares, em contrapartida à prestação de trabalho nas fábricas.

Com o dinheiro mais garantido nas fábricas do que aquele proveniente da agricultura, sempre dependente da impiedosa natureza, muitos homens podiam se permitir gastar um pouco mais do orçamento para se divertir. Somava-se a isso o fato de o acesso aos companheiros de trabalho e amigos ser muito mais fácil na cidade do que no ambiente rural. Originou-se dessa conjunção de fatores o hábito de sair do trabalho e dar uma paradinha para um trago com os amigos. No entanto, para muitos, a paradinha se estendia até a hora do fechamento dos bares, um trago pedia vários

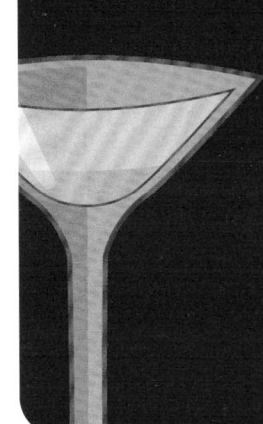

outros e uma atividade social transformou-se em vício, doenças, problemas familiares, violência e até morte.

Obviamente, muitos membros da sociedade se revoltaram com essa situação e, em meio a protestos, pediram o fechamento dos bares de maneira permanente, como forma de preservar a saúde e a paz em suas comunidades.

O resultado foi a Lei Seca, que proibiu a venda e o consumo de bebidas alcoólicas na primeira metade do século XX em vários países, como a Finlândia, a Islândia, a Noruega e os Estados Unidos. Nos Estados Unidos, os bares ilegais durante a Lei Seca (*Prohibition*, em inglês) foram chamados de *speakeasies*.

Nesse mesmo período (fim do século XIX até o começo da Primeira Guerra Mundial), a Europa vivia a *belle époque* (expressão francesa que significa *bela época*), um período de cultura cosmopolita, de valorização da beleza, de inovação e de celebração da paz entre os países europeus. Novas invenções (telefone, telégrafo, cinema, bicicleta, automóvel e avião, para citar algumas) tornaram a vida mais fácil e a cena cultural estava em efervescência, especialmente em Paris (considerada a produtora e exportadora da cultura mundial), com seus cafés, balés, óperas, livrarias e teatros. Esse período de vivências culturais tão distintas afetaria não só o consumo como a imagem da bebida alcoólica e a maneira como ela seria retratada durante todo o período.

Atualmente, as restrições ao álcool são várias e de naturezas distintas. Cabe ao profissional ou proprietário de locais que servem ou vendem bebidas buscar as que se aplicam ao seu estabelecimento. A origem de quase todas é a proteção ao cidadão, evitando o consumo excessivo, o vício, acidentes de trânsito e doenças crônicas originadas pelo alcoolismo.

Em muitos lugares, as leis proíbem a entrada ou permanência de menores de idade em bares. Vale lembrar que a definição de maioridade legal também muda muito, podendo ir dos 16 aos 21 anos. Se aqueles que não têm idade legal para beber forem autorizados a entrar num bar, usualmente acompanhados de maior responsável, eles não terão permissão legal para beber nada alcoólico, mesmo quando houver a permissão do responsável.

Há também leis que permitem aos bares recusar-se a servir clientes visivelmente intoxicados – e até mesmo leis que os proíbem de servir esses clientes.

Muitos lugares têm restrições legais sobre onde os bares podem estar localizados (leis de zoneamento) e sobre os tipos de bebidas alcoólicas que podem servir aos seus clientes.

Vários países islâmicos proíbem, por exemplo, a existência de bares, bem como a posse ou venda de álcool, por motivos religiosos, enquanto outros, como o Catar e os Emirados Árabes Unidos, permitem bares em algumas áreas específicas, mas apenas os não muçulmanos estão autorizados a beber nesses estabelecimentos.

NO BRASIL

» As leis federais

A Lei nº 8.069, de 13 de julho de 1990, em seu artigo 243, dispõe sobre a proibição de vender, fornecer, servir, ministrar ou entregar, ainda que gratuitamente, de qualquer forma, à criança ou ao adolescente, bebida alcoólica ou, sem justa causa, outros produtos cujos componentes possam causar dependência física ou psíquica. A pena pode ser a detenção de dois a quatro anos, ou multa, se o fato não constitui crime mais grave – redação dada pela Lei nº 13.106, de 2015 (BRASIL, 1990).

A Lei nº 11.705, de 19 de junho de 2008, em seu artigo 20, proíbe a venda varejista ou o oferecimento de bebida alcoólica para consumo no local na faixa de domínio de rodovias federais ou em terrenos contíguos à faixa de domínio, com acesso direto à rodovia.

A Lei nº 13.546, de 19 de dezembro de 2017, que passou a vigorar a partir de 2018 em todo o Brasil, adotou a tolerância zero para motoristas que bebem e se põem a dirigir. Ou seja, é rigorosamente proibido dirigir depois de beber qualquer quantidade de álcool. A pena passou a ser reclusão de cinco a oito anos, além da suspensão ou proibição do direito de se obter a permissão ou a habilitação para dirigir veículo.

» As leis municipais

A venda de bebida alcoólica presume um alvará para poder fazê-lo. O alvará é concedido pela prefeitura, no processo de abertura da empresa.

As prefeituras municipais controlam também os níveis de ruído, permitem ou não mesas nas calçadas, determinam onde se pode estacionar e fiscalizam o cumprimento das normas de higiene e das questões de segurança, como portas de emergência, porta corta-fogo e extintores, sinalização de saídas, isolamento acústico, área externa para lixo, acesso ao estabelecimento, banheiros especiais para portadores de deficiências, entre outras.

O bar: equipe, equipamentos e organização

■ EQUIPE

Em um bar comum, que tenha uma cozinha de maior ou menor porte, a organização da equipe se dispõe como na figura 1.

Quem abre o bar são os assistentes de bartender, que têm como função montar o mise en place, uma hora antes da abertura do estabelecimento. O bartender inicia seus trabalhos com a abertura do bar, atendendo às demandas dos clientes. Cabe ao chefe de bartender supervisionar o trabalho do bartender, resolver problemas administrativos e reclamações, fechar o bar e verificar o faturamento do caixa, exercendo um papel mais ligado à gestão.

Paralelamente, trabalha a equipe de salão (sala-bar), composta por maître e cumins, prestando atendimento ao público. Muitos cumins hoje já conseguem orientar os clientes quanto à escolha de bebidas.

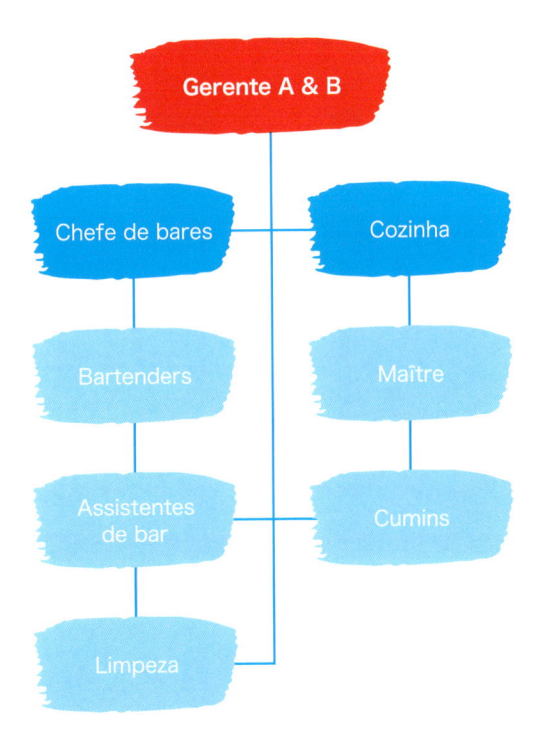

Figura 1. Organograma da brigada do bar.

Porém, há casos nos quais o bar está inserido em um hotel ou em grandes navios de cruzeiro, o que o leva a ter uma equipe muito maior, com uma organização mais complexa, como mostra a figura 2.

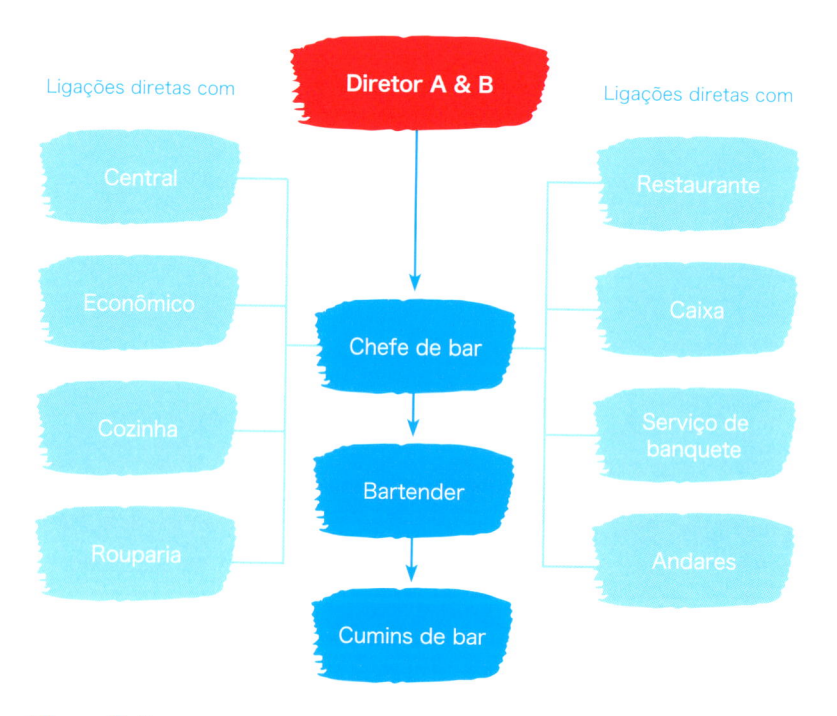

Figura 2. Organograma da brigada do bar em um hotel.

Nesses ambientes, além da estrutura de bar principal, também é comum a criação de "bares móveis", gerando menos deslocamento e mais comodidade aos clientes para a compra de bebidas.

■ EQUIPAMENTOS DO BAR

O espaço do bar é regido por normas de espaço, higiene e estocagem. Os bares variam de tamanho de acordo com suas locações, ambientes e funções.

ESPAÇO

O bartender precisa ter espaço suficiente para se mover quando o bar estiver cheio. A distância ideal entre o *back*, o bar balcão e o *back cupboard* é de 100 cm a 125 cm.

ELETRICIDADE

Os blenders elétricos ou mixers são usados em coquetéis, e é preciso fornecer energia aos pontos onde eles são necessários. Os pontos elétricos devem estar longe dos pontos de água.

ENCANAMENTO

Os bares devem ter duas pias: uma de lavar e outra para gelo. Um encanamento mais eficiente assegura uma drenagem melhor e mais higiene. Além disso, o bom planejamento da rede elétrica e do encanamento deve propiciar a segurança necessária para quem está atrás do balcão.

OFFICE DO BAR

Geralmente situado atrás do bar, o office é constituído de um plano de trabalho com prateleiras, armários, balcão e máquinas. Por exemplo:

» máquina de gelo;
» máquina de café;
» micro-ondas;
» blender;
» mixer de frutas;
» moedores de pimenta;
» tudo o que se refere ao serviço de café (xícaras, pires e colheres de café, etc.);
» os têxteis necessários para o serviço do dia (guardanapos, toalhas, etc.);
» utensílios;
» canudos, etc.

Figura 3. Principais utensílios de bar: 1. Shakers ou coqueteleiras. 2. Colheres bailarinas. 3. Palitos para decoração. 4. Strainers. 5. Dosadores. 6. Coador.

AS BEBIDAS

Classificadas em grupos, as bebidas se organizam como na figura a seguir.

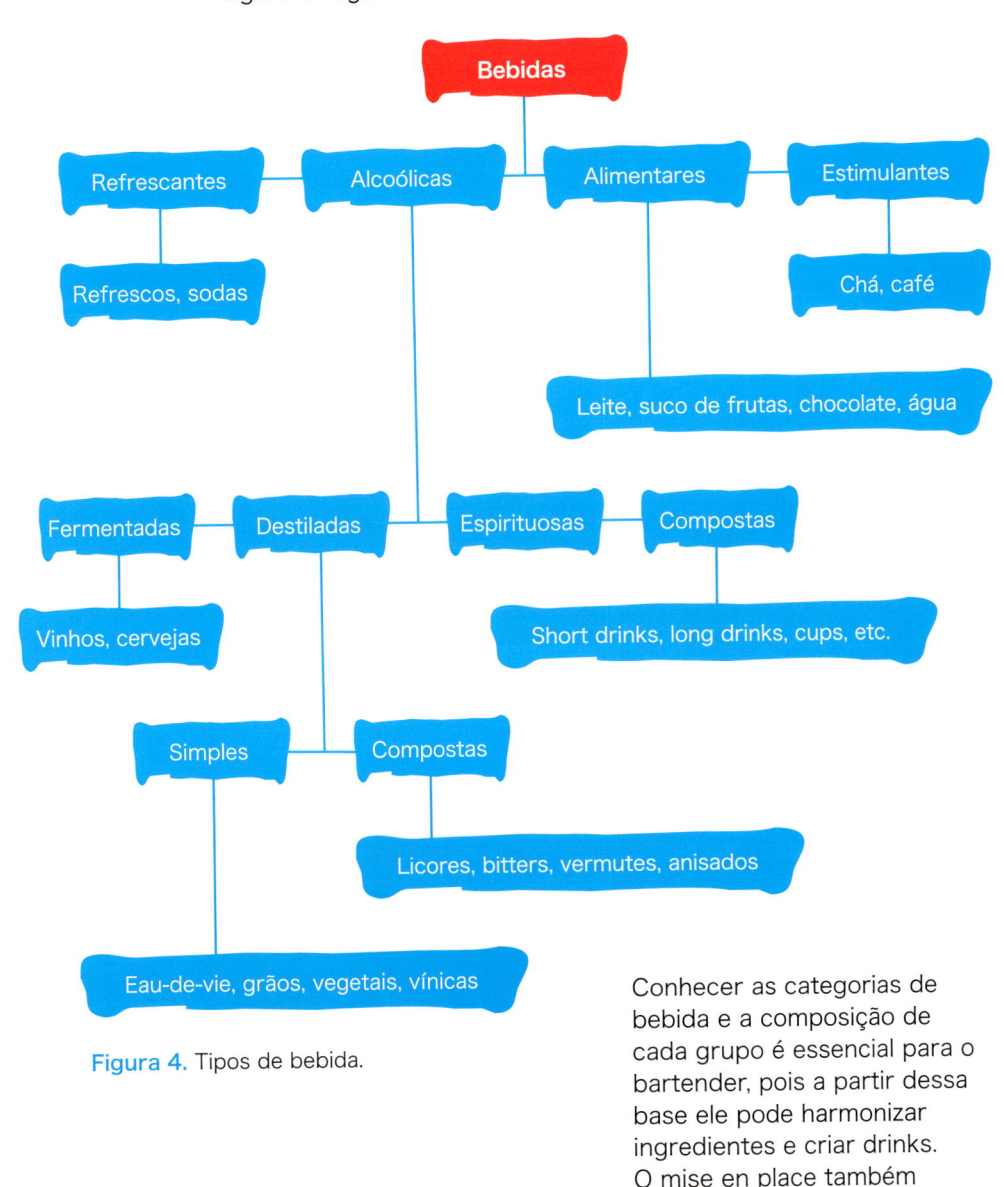

Figura 4. Tipos de bebida.

Conhecer as categorias de bebida e a composição de cada grupo é essencial para o bartender, pois a partir dessa base ele pode harmonizar ingredientes e criar drinks. O mise en place também é disposto de acordo com esses grupos de bebidas, daí a importância de o bartender se familiarizar com essa organização.

COMO CRIAR UM MENU DE COQUETÉIS RENTÁVEL

Um menu de coquetéis ajuda a promover a venda e dá ao bartender a oportunidade de sugerir novas ideias de bebidas para os clientes, motivando-o e possibilitando que ele tome decisões bem informado.

Preparar um menu sazonal também é importante, não só para as estações do ano, como para datas comemorativas e especiais, como o Dia das Mães, o Dia dos Namorados, etc.

Pronto para montar seu próximo menu, mas não sabe por onde começar? Veja as cinco dicas a seguir para criar o menu de coquetéis perfeito.

1. SELECIONAR BEBIDAS E INGREDIENTES ADEQUADOS

Comece analisando quais destilados são mais vendidos no bar. Procure por sabores diferentes: café, frutas, creme, cítricos, etc. Use a regra de três: escolha três pessoas de sua equipe para perguntar a três clientes e a três colegas. Visite três locais e pergunte quais são as bebidas mais consumidas na casa, para ter uma ideia do gosto comum e criar o seu cardápio.

2. ESCOLHER UMA VARIEDADE DE DRINKS CONVENIENTE

Reflita sobre a expressão "menos é mais". É muito melhor ter dez coquetéis brilhantemente executados do que cinquenta malfeitos. Ao oferecer demais, você corre o risco de confundir seus clientes e, eventualmente, desencorajá-los a fazer uma escolha. Uma boa recomendação é dividir o menu em seções, cada uma contendo de cinco a oito bebidas.

3. OFERECER IMAGENS DE BOA QUALIDADE

Ter imagens bonitas de coquetéis bem decorados no cardápio incentiva a venda das bebidas.

4. CALCULAR TODOS OS CUSTOS PARA ESTABELECER O PREÇO FINAL

O preço correto não apenas impulsiona a lucratividade, mas também influencia o pedido de seu cliente. Lembre-se de incluir o preço da bebida final (destilada e misturada). Ao pensar no preço a cobrar, observe quanto tempo leva para fazer os coquetéis durante o serviço e compare o preço imaginado com aquele previamente estipulado. Inclua todas as bebidas, bitters e, claro, acompanhamentos para decoração. Lembre-se da apresentação e de outros

possíveis gastos, caso seja necessário efetuar a compra de objetos de vidro ou de utensílios, por exemplo.

Outro fator a se considerar é a concorrência. Por exemplo, se um concorrente está oferecendo produtos inferiores, então você deve oferecer preços acima do praticado por ele. E o inverso também é verdadeiro. Cobre menos do que bares que oferecem um serviço mais premium.

5. CRIAR UM DESIGN DE MENU IMPECÁVEL

Este é um ponto de diferenciação do seu bar. Mas lembre-se: menus simples e fáceis de ler são fundamentais. Existem milhares de estilos diferentes. As descrições devem ser atraentes e intrigantes, mas também ajudar o cliente a fazer uma escolha consciente.

Os adjetivos que você usa em suas descrições devem oferecer uma experiência sensorial da bebida e mencionar ingredientes únicos, que agreguem valor.

Incluir marcas famosas vai gerar maior confiança por parte do consumidor quanto à qualidade de serviços que você oferece.

As pessoas adoram histórias em torno de suas bebidas e poder explicar o que inspirou um sakê ou um fato interessante sobre uma marca ou os ingredientes de um coquetel pode ser uma ótima maneira de promover uma bebida. Use uma moldura para destacá-lo ou apenas um selo de aprovação, como "escolha do bartender" ou "favorito da casa".

Há alguns tópicos que também precisam ser pensados pelo chefe de bartender na oferta de bebidas ao consumidor:

» BAR MAIS PARADO VERSUS MAIS MOVIMENTADO

É importante garantir que cada bartender possa elaborar todos os coquetéis do cardápio com o mesmo padrão, a fim de que haja consistência na prestação de serviços durante os períodos de maior movimento no bar.

» LAYOUT DO BAR FAVORÁVEL À PREPARAÇÃO DOS DRINKS

Além da capacidade da equipe, devemos considerar a capacidade da estrutura. Ter seis coquetéis batidos e nenhuma pia gerará problemas. Trabalhe com a regra de dois passos: tudo deve estar ao alcance do profissional na preparação das bebidas, evitando movimentação desnecessária. Converse com a equipe e discuta problemas e gargalos.

ESTOQUE

O estoque é tão importante quanto o bar: é preciso ter as quantidades necessárias para que não haja surpresas durante o turno.

Usualmente, armazena-se o dobro das bebidas expostas no bar, além de itens variados que devem estar perfeitamente contados, registrados, acondicionados e organizados para facilitar o acesso e preservar o controle e o estado dos produtos. A saber:

» têxteis (guardanapos, toalhas, jogos americanos, etc.);
» açúcar refinado, mascavo e/ou torrão;
» edulcorante em líquido e sachê;
» açúcar colorido, para certos coquetéis;
» açúcar de baunilha, para colorir os copos dos coquetéis;
» sirope de açúcar, para certos coquetéis;
» café em pó e em grãos;
» café descafeinado;
» chocolate em pó;
» leite;
» creme de leite em UHT fresco;
» frutas (abacaxi, laranja, etc.);
» condimentos, temperos e infusões (sal, noz-moscada, camomila, etc.);
» utensílios (canudos, caixas plásticas e de papelão, engradados).

■ LIMPEZA E ORGANIZAÇÃO

É imprescindível estar consciente da necessidade de limpeza do bar e dos utensílios. A higiene alimentar é primordial quando se trata de coquetéis, por isso os gestos de higiene devem ser naturais e automáticos. Como processo fundamental do bar, e para controle profissional, seguem algumas recomendações para programação e controle dos serviços de organização e limpeza.

» **Limpeza de geladeiras.** Limpe-as duas vezes por mês com água morna, adicionada a vinagre branco. Esses dois ingredientes são o melhor antisséptico natural. Evite limpar grandes superfícies com produtos químicos, pois, frequentemente, eles deixam odores que, embora agradáveis, podem impregnar frutas e outros alimentos.

» **Organização dos alimentos.** Cada alimento deve ser colocado em um recipiente específico, não somente para ter conservada a temperatura, mas porque podem contaminar uns aos outros. Legumes cobertos de terra, por exemplo, têm bactérias que podem se desenvolver facilmente na carne.

» **Nunca recongele um alimento degelado.** Logo que o produto for degelado, é necessário consumi-lo. Recongelar não mata os germes; muito pelo contrário. Isso é válido também para o gelo, que, uma vez derretido ou quase, não deve ser colocado no congelador.

» **Utensílios de plástico.** O material perfeito para os utensílios de bar é o plástico, pois é liso e sua superfície possibilita uma limpeza adequada. Lave o utensílio após cada utilização, para evitar qualquer contaminação. Não utilize madeira, porque os poros e asperezas propiciam acúmulo de sujeira e, por consequência, micróbios.

» **Higiene das mãos.** As mãos devem ser lavadas com frequência: antes de iniciar o trabalho, cada vez que cortar uma fruta, erva ou legume, antes de manipular cada ingrediente, etc. Na limpeza das mãos, panos e toalhas devem ser trocados e lavados. Toalhas de papel são perfeitas!

» **Nunca beba no gargalo.** Pode parecer exagerado dizer, mas é bom reforçar: não beba no gargalo, porque cada bebedor transmite seus micróbios à garrafa.

» **Evite contaminação de odores.** Não descasque alimentos perto de lixo, pois eles podem ser contaminados por odores indesejáveis.

» **Conservas em lata.** Ao utilizar produtos de conserva em lata, retire a sobra da lata e coloque em recipiente fechado adequado, para que não ocorra oxidação ao ar livre.

» **Nata e creme de leite frescos.** Devem ser colocados imediatamente na geladeira, porque são muito instáveis e mais frágeis que o leite.

» **Ovos.** Devem ser conservados na geladeira em lugares reservados, geralmente no alto e de cabeça para baixo, porque, para continuarem a ser impermeáveis, é necessário que a bolsa de ar que se encontra na parte larga do ovo não seja comprimida. Descarte qualquer ovo rachado ou quebrado.

A correta manipulação dos ingredientes assegura a manutenção da segurança alimentar. Os micróbios se desenvolvem com velocidade e podem contaminar outros produtos e causar doenças, portanto os procedimentos de higiene devem ser observados à risca.

ANTES DA ABERTURA DO BAR

A produtividade da equipe depende da organização e da definição de funções, então o primeiro passo do dia é uma rápida reunião com a equipe para discutir temas relevantes, como novidades, atividades promocionais, correções de processos, etc. Também com o intuito de assegurar-se da comunicação e do controle, o bartender deve elaborar um checklist, como o proposto no quadro 1.

Quadro 1. Checklist de abertura do bar

Caixa	
☑	Assegurar que o caixa esteja funcionando e estocado com troco.
☑	Separar rolos de fita, canetas, blocos, etc. extras para o caixa, e deixá-los à mão.
☑	Conferir se o livro de registro de perdas está em seu lugar.

Copos	
☑	Verificar se todos os itens estão limpos, secos e isentos de rachaduras ou lascas.
	Copos devem ser agrupados pelo uso:
☑	» copos altos e baixos, para cerveja;
☑	» copos altos e baixos, para destilados e mexidos;
☑	» copos altos, para refrigerantes.

Bar	
☑	O bar deve estar limpo, seco e arrumado.
☑	As bandejas de gotejamento devem estar limpas e secas.

Back bar	
☑	Retirar garrafas vazias, separar as que estiverem com baixa quantidade de produto e providenciar substitutos.
☑	Destilados devem estar arrumados e agrupados.
☑	Frutas frescas devem estar preparadas (escolhidas, lavadas e cortadas).
☑	Verificar se o balde de gelo está abastecido.
☑	Os organizadores (*bar caddies*) devem estar completos, com canudos, mexedores, guardanapos, etc.

Equipamentos para servir chope e refrigerantes	
☑	Verificar se a linha foi completamente limpa.
☑	Bombas e torneiras devem estar funcionando bem.
☑	Barris novos e cheios devem estar conectados.
☑	Conferir se o procedimento de rotação de estoque está em ordem.
☑	Máquinas de refrigerantes devem estar abastecidas com CO_2.
☑	Geladeiras e freezers devem estar bem estocados.
☑	A temperatura deve ser regulada de 3 ºC a 5 ºC.
☑	Verificar se as luzes estão acesas.
☑	Copos devem estar resfriando no freezer.

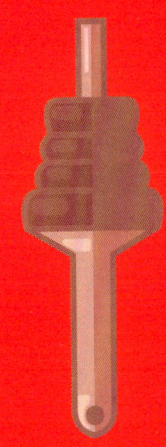

Em seguida, iniciam-se os processos de preparação rotineiros:

» **Polimento** dos metais, usando produto adequado.

» **Limpeza e esterilização** dos vidros com álcool.

» **Preparação** de todos os ingredientes para as composições dos drinks. Ervas, frutas e legumes devem ser frescos e estar lavados.

» **Montagem** do mise en place dos utensílios (facas, dosadores, coadores, colheres bailarinas, etc.). O mise en place, também chamado de *estação de trabalho*, deve ser padronizado, e toda a brigada deve seguir o mesmo padrão para evitar contratempos no serviço.

Não há estação de trabalho perfeita. A configuração deve evoluir com as bebidas que são servidas, devendo ser constantemente reavaliada para garantir que seja otimizada, possibilitando que todos trabalhem com eficiência.

A REGRA DE DOIS PASSOS

Como bartender, o tamanho do espaço em que você está trabalhando terá um grande impacto em sua eficiência. A maioria dos bares adota um *layout* de dois passos: todo o equipamento essencial deve estar à mão, para que você nunca precise se mover mais do que um ou dois passos de distância de sua estação. Isso pode economizar segundos cruciais do tempo de serviço durante turnos, aumentando tanto suas vendas quanto a satisfação do cliente.

Quando cada produto tem um lugar definido, o bartender eventualmente desenvolverá uma memória muscular, localizando garrafas instintivamente, quase sem olhar, melhorando a velocidade e a precisão do serviço. É mais provável que os funcionários sigam um esquema que ajudaram a criar, por isso, peça ajuda aos garçons desde o início e certifique-se de alertar a todos para o novo arranjo. Embora demorado, rotular cada seção em sua barra de fundo é uma ótima maneira de estabelecer uma boa organização.

Os itens a seguir devem sempre ser de fácil acesso:

» **Copos e mixers:** tenha os tipos mais utilizados ao seu alcance.

» **Gelo:** o balde de gelo deve estar no balcão ou próximo aos copos.

» **Destilados:** no balcão e prateleiras traseiros.

» **Decorações:** uma seleção completa, pronta no chiller,[1] como ingrediente, e outra no balcão traseiro, para apresentação.

O balcão traseiro deve ser fácil de manusear para que os ingredientes sejam encontrados rapidamente. Use-o como uma seção para expor seus destilados *premium* ou promova a especialidade do seu bar. E organize as prateleiras por destilados: vodka, rum, gin, tequila, licores, brandy, cognac e whisky. Produtos *premium* devem ser exibidos em uma prateleira superior.

Provoque seus clientes exibindo imagens de coquetéis, ingredientes frescos e utensílios de coquetelaria. Com chamadas para coquetéis especiais, mantenha uma oferta de dois coquetéis do dia. Isso contribui para direcionar a escolha do cliente para um coquetel que ajudará a gerar lucro para o seu bar e proporcionar uma experiência mais exclusiva.

E atenção:

» Garrafas nunca devem ser posicionadas uma atrás da outra no mesmo nível.

» Reserve lugar para itens temporários, como produtos promocionais ou sazonais, pois isso lhe dará flexibilidade, sem comprometer o *layout* do bar.

» Use as prateleiras embaixo do balcão, à altura do joelho, de fácil acesso, para colocar os destilados frequentemente pedidos. O padrão é: rum, vodka, gin, cognac, whisky, bourbon e tequila, mas isso pode ser adaptado de acordo com as preferências dos clientes.

---

1 Equipamento principal de um sistema de água gelada.

■ ENCERRAMENTO DO TURNO NO BAR

Confira, a seguir, as três atividades principais para o encerramento do dia no bar.

1. FECHAMENTO

O fechamento deve levar em consideração dois controles importantes: o da caixa registradora e o do registro de gorjetas. Seguem sugestões de duas planilhas para que esses controles possam ser executados sem problemas:

Controle dos lançamentos da máquina registradora

Mês:	1	2	3	4	5	6	7	8	9	10	...	25	26	27	28	29	30	31
Efetivo																		
Entradas																		
Saídas																		
Cartão Visa																		
Cartão Mastercard																		
Cartão Outros																		
Outros																		
Total																		

Folha de pagamento

Mês:	1	2	3	4	5	6	7	8	9	10	...	25	26	27	28	29	30	31
Fulano																		
Beltrano																		
Ciclano																		
Total																		

2. ESTOQUE

Deve-se ter controle total do estoque, que deverá ser conferido diariamente para que se possa fazer o pedido dos insumos necessários para o(s) próximo(s) turno(s), atentando para os diferentes prazos de entrega dos fornecedores.

Estoque							
Data: xx/xx/xx	Estoque inicial	Compra	Total do estoque	Perda	Devolução	Venda	Custo
Gin							
Vodka							
Cachaça							
Tequila							
Rum							
Whisky							
Vinho							
Refrigerante							
Água							

3. HIGIENE

Observar rigorosamente os seguintes itens:

» Todos os produtos devem estar armazenados em seus lugares, devidamente acondicionados.

» Todos os utensílios devem estar lavados e guardados.

» Todo o lixo deve ser retirado e acondicionado, para evitar contaminações e odores.

O bartender: perfil profissional

■ A CARREIRA DO BARTENDER

O primeiro passo na carreira é o de *commis bartender*. Após alguns estudos ou experiência como aprendiz, o candidato torna-se assistente de bartender, tendo as seguintes obrigações:

» cuidar do bar e das locações anexas;
» fazer o mise en place;
» cuidar da entrega de bebidas ao cliente.

RESPONSABILIDADES

Com domínio de pelo menos um idioma estrangeiro e alguns anos de experiência, os assistentes de bartender podem assumir a vaga de bartender, sob as ordens do chefe. Além do contato com o cliente, suas tarefas são:

» realizar o atendimento no bar, com o auxílio dos ajudantes de bar;
» efetuar os inventários do mise en place do bar;
» zelar pelas bebidas usadas na coquetelaria;
» cuidar da animação do bar com o chefe de bartender;
» em certas ocasiões, substituir o chefe de bartender.

O CHEFE DE BARTENDER

O chefe de bartender é um profissional com muitos anos de experiência. É necessário ter, além das competências já discutidas para o bartender, espírito de gestão, voltado para a área administrativa. Suas principais funções são:

» ocupar-se da formação profissional da equipe;
» organizar o planejamento do trabalho da brigada;
» gerar e aprovisionar os inventários;
» responsabilizar-se pelo entretenimento e pelos materiais;
» organizar eventos;
» ser relações públicas e cuidar do ambiente do bar.

O chefe de bartender também é responsável pelo recrutamento. A equipe dá o tom em um bar, por isso é crucial que haja forte espírito de equipe e que todos estejam gostando do trabalho. Quando recrutar, tente escolher pessoas que complementem a equipe. Claro que se buscam talento e atitude positiva e proativa, mas também deve-se garantir um equilíbrio de funcionários experientes e novatos, aqueles com conhecimento técnico ou prático e ainda os que têm mais estilo ou os que são mais focados na rapidez do atendimento.

Cabe ao chefe de bartender observar as necessidades de treinamento para todos os funcionários. A saber:

» **Operacional.** Essencial para os novos membros da equipe: saúde, segurança, higiene, processos, turnos, serviço responsável.

» **Técnica.** Necessária para se conhecer os equipamentos mais específicos do estabelecimento ou técnicas (mesmo as usadas nas receitas) que podem não ser familiares a qualquer novo funcionário.

» **Serviço.** A verdadeira arte da hospitalidade que os clientes esperam (é a parte mais difícil de ensinar).

» **Gerenciamento.** Para aqueles que querem desenvolver suas habilidades.

» **Informal.** Realizar visitas em equipe a mercados, fabricantes, produtores e bares concorrentes para ver o que eles estão fazendo melhor.

Esse profissional também tem como funções:

» **Coordenar o ritual de fechamento do bar**, como visto no capítulo anterior.

» **Estimular o equilíbrio entre trabalho e vida pessoal.** A indústria da gastronomia e particularmente a de bares é divertida e social, mas cabe ao chefe de bartender estimular seus colaboradores a aproveitarem bem o seu tempo de folga, cuidando de si, da família e dos amigos.

■ POSTURA E SERVIÇO

O bartender é, antes de tudo, um vendedor, mas não de bebidas, como você pode imaginar. O bartender vende um serviço. A diferença entre vender uma bebida e um serviço reside no poder de comunicação: o serviço é vendido, só depois ele é produzido, consumido e avaliado. Por isso não está no estoque. Um mau serviço não pode ser corrigido nem pelo mais interessante dos coquetéis.

Da perspectiva de um vendedor, o bartender tem duas vantagens:

» Ele está automaticamente num palco, é o centro das atenções para quem entra num bar. Ele não terá que implorar por um minuto da atenção do comprador, ele já a tem como premissa.

» O cliente do bartender, ao contrário de outros compradores (roupas, sapatos, eletrodomésticos, etc.), está disposto a comprar desde o momento em que entra pela porta do bar.

Por ter tanta visibilidade, a aparência do bartender é seu primeiro passo para uma boa venda: cabelo, barba, bigode e uniforme variam muito, pois dependem do estilo do bar,

mas com certeza absoluta devem transmitir higiene e estar adequados ao local. A maneira como você se veste e se apresenta é um indicador importante para qualquer cliente da qualidade do seu trabalho. Além dessas, duas outras características são muito positivas:

» Perfume – opte por um desodorante sem fragrância e não use perfumes. No bar, o cliente deve sentir os aromas do bar.

» Postura – sempre alerta, solícita e simpática.

Para poder executar uma tarefa como a de um bartender, que demanda empenho físico e intelectual por cerca de 15 horas seguidas e muitas vezes agitadas, indubitavelmente é preciso se cuidar!

Procure manter um estilo de vida feliz, mantendo o pensamento positivo e focado.

Manter-se em forma fisicamente, praticando exercícios regularmente, bebendo água e cuidando da dieta, mesmo que sua manhã não comece antes do meio-dia, é essencial.

Lembre-se de que seu estilo de vida se reflete na sua aparência.

COMUNICAÇÃO E VENDAS

Ser um ótimo bartender não significa apenas fazer coquetéis deliciosos. O bom bartender tem como principal diferencial seu poder de comunicação. As pessoas vão aos bares para ter uma experiência, para se divertir. O bartender, portanto, deve criar uma atmosfera descontraída, que permita ao cliente relaxar.

Confira quatro dicas importantes para melhorar a experiência no seu bar e maximizar as oportunidades de vendas:

» **1. Rapidez**
Frequentemente, a velocidade exige experiência, com movimentos quase automáticos, mas é imprescindível ser organizado para ser rápido.

Estabeleça um mise en place com o qual você esteja à vontade, tenha uma lista para garantir que esteja completo no começo do turno e arrume-o regularmente durante o trabalho. Mantenha seu balcão seco e limpo, remova garrafas de refrigerante e cerveja rapidamente. Estabeleça um procedimento definido em relação aos preparos de seus pedidos. Use as duas mãos ao mesmo tempo.

» **2. Estilo**
Incorpore estilo à sua maneira de servir. Postura e movimentos elegantes agregam valor à bebida, e é importante considerar que seus movimentos são observados pelos clientes. Seja sempre profissional, mantenha contato visual ocasional com os clientes e não esqueça que a linguagem corporal (braços abertos, por exemplo) deve transmitir acolhimento. Sorria.

Qualquer movimento divertido, habilidoso ou único – adicionando um pouco de teatro ao seu serviço – vai ser valorizado. "Leia" o estado de espírito de seus clientes e tente adaptar seu estilo de serviço para atender às necessidades deles. Movimente-se com um senso de propósito – isso também ajuda na velocidade. Prepare os coquetéis na frente do cliente sempre que possível, e não tenha medo de abordá-lo para perguntar como está sua bebida.

» 3. Etiqueta

A etiqueta refere-se à hospitalidade e ao respeito para com os clientes. Envolve boa dicção, um tom de voz agradável e uma saudação atenciosa. Quando seu cliente chegar ao bar ou estiver acomodado em seu lugar, forneça um menu de bebidas e ofereça suas recomendações. Faça verificações frequentes durante o serviço para saber se seus clientes precisam ou querem mais alguma coisa. Evite conversas longas com um único convidado. Cultive a habilidade de manter várias conversas ao mesmo tempo.

No balcão, o cliente está em um espaço compartilhado, e o tom desse espaço é definido pelo bartender. Se um hóspede é seco ou menos gentil, o bartender não retruca na mesma moeda, mas põe em prática o que deve saber fazer melhor: transformar clientes difíceis em amigos, ao desfrutarem um coquetel saboroso.

Despedir-se, agradecendo, também é parte do ritual de hospitalidade.

» 4. Conhecimento

Seu conhecimento ajudará o cliente a fazer boas escolhas. Os clientes farão perguntas sobre as bebidas disponíveis e esperam que você saiba as respostas. Conheça seu menu de trás para a frente e esteja preparado para destacar algo único, particularmente bom ou incomum sobre qualquer uma das bebidas no seu menu. O ideal é que saiba pelo menos quatro fatos interessantes sobre cada produto – dois sobre a marca e sua história e dois sobre o sabor. A história da marca pode ser transmitida aos clientes, enquanto as opiniões pessoais serão usadas para fazer recomendações. E não esqueça de informá-los sobre promoções ou ofertas, além de fazer recomendações personalizadas.

A OPORTUNIDADE DE VENDA ÚNICA

A oportunidade consiste em oferecer uma excelente experiência de serviço, para realmente exceder as expectativas de um cliente e, como resultado, ajudar a construir a reputação, a base de clientes e, por fim, gerar lucros para a sua empresa. Ou seja, essa oportunidade única permite que o bartender ofereça ao cliente algo novo, o que pode estimulá-lo a retornar ao seu bar, se a experiência for positiva.

Exemplo prático:

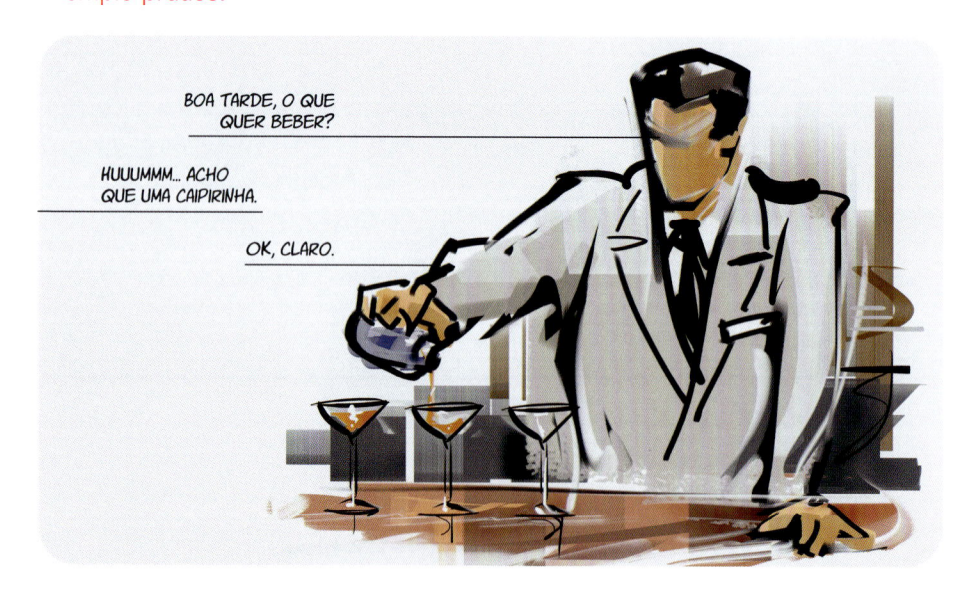

No entanto, a oportunidade única reside nessa pausa (o "huuummm"). Ela é, na verdade, um convite para o bartender interromper, assumir o controle da experiência de serviço e apresentar ao cliente algo que ele nunca imaginou.

O diálogo, nesse caso,
ficaria assim:

Ou, ainda, se o bartender
perder a deixa do "huuummm",
ele pode buscar aproveitar a
próxima oportunidade:

Mais algumas dicas para maximizar suas oportunidades únicas de venda:

» Em relação à comida, pense um pouco sobre o que vai bem com os pratos. Por exemplo, cerveja. Em vez de apenas pegar o pedido habitual de um cliente, ofereça: "Em vez do habitual, que tal dar uma chance à cerveja 'X'? Ela combina muito bem com a pizza que você acabou de pedir". Esse tipo de abordagem tem uma taxa de sucesso bastante alta.

» Em vez de perguntar: "Aceita outra caipirinha?", tente algo como: "Que tal um mojito? É limão com rum e um toque refrescante de hortelã".

» Use o menu: ele ajuda os clientes indecisos a decidir o que pedir.

COMO LIDAR COM RECLAMAÇÕES

Você tem medo de ouvir "Posso falar com o gerente?"?

A maioria dos clientes nem se dá ao trabalho de reclamar; eles saem incomodados, mas sem expressar sua insatisfação, ou, pior, deixam um comentário on-line negativo para todo mundo ver, sem lhe dar a mínima chance de corrigir o problema.

No entanto, se um cliente chamar sua atenção para um problema, aproveite isso como uma oportunidade para aprender e poder evitar que o erro ocorra novamente.

É importante treinar toda a equipe para lidar efetivamente com uma reclamação. Dessa forma, é possível melhorar a experiência do cliente, gerar fidelidade e garantir que o problema não se repita.

Veja as principais dicas para resolver situações delicadas:

» **1. Peça desculpas.**
Seja simpático e sincero. Isso ajudará a criar uma conexão com o cliente e restabelecer a confiança.

» **2. Ouça.**
Dê ao cliente toda a sua atenção e não o interrompa. Nossa atitude natural é querer solucionar o que quer que seja o mais rápido possível. Controle-se para propor uma solução só depois de o cliente ter exposto seu ponto de vista sobre a questão.

» **3. Faça perguntas.**
Quanto mais você souber, mais poderá ajudar. Coloque-se no lugar do cliente para entender melhor o problema. Pergunte o que ele acha que seria uma solução aceitável.

» **4. Tome uma atitude.**
Garanta ao cliente que você agirá imediatamente. Explique a ele, com clareza, como e quando você resolverá o problema.

» **5. Agradeça.**
Ter consciência dos pontos que precisam ser aprimorados é sempre uma oportunidade de crescimento e ajuda a todos. Ninguém gosta de reclamar.

» **6. Aprenda.**
Com o problema resolvido, pense em como aprender e garantir que isso não ocorra novamente.

Afinal, bartending é, basicamente, oferecer hospitalidade e simpatia. Essa é uma obrigação de todos os bartenders para com seus clientes, do primeiro ao último.

Sem dúvida, pôr tudo o que foi sugerido em prática é muito mais difícil do que parece. Essa é uma das primeiras desilusões dos jovens profissionais que acham que ser bartender é uma grande festa.

Quando, tarde da noite, você já teve uma discussão com alguém da equipe e pegou um ou dois clientes difíceis, sorrir pode ser até doloroso.

Mas, companheiros bartenders, esta é a profissão que escolhemos. Então, vamos respirar fundo, levantar os ombros, sorrir e dizer: "Senhoras e senhores, digam-me, como posso lhes servir hoje?".

OS OITO MANDAMENTOS DO BARTENDER

1. SERVIRÁS ÁLCOOL DE FORMA RESPONSÁVEL.

A intoxicação alcoólica pode provocar violência, acidentes rodoviários, hospitalização e até a morte. É também responsabilidade dos bartenders garantir que os clientes passem um momento agradável, sem que alguém termine no hospital. Em hipótese alguma venda ou sirva bebidas alcoólicas a pessoas menores de 18 anos.

2. APLICARÁS REGRAS ESTRITAS DE HIGIENE.

Sim, é essencial a higiene no preparo não só de alimentos, mas também de bebidas. Não se trata apenas de uma questão de segurança; é simplesmente falta de profissionalismo preparar bebidas de forma anti-higiênica, conforme vimos no tópico "Limpeza e organização para o início do dia no bar".

3. USARÁS INGREDIENTES DE BOA QUALIDADE.

Sabe a diferença entre um suco de laranja fresco e um preparado há dois dias? Essa será a diferença na qualidade do seu coquetel.

4. NÃO TE ESQUECERÁS DE TEUS AMIGOS ABSTÊMIOS.

Nada deve impedir que os abstêmios possam desfrutar do seu bar. Os bartenders devem sempre ter bebidas não alcoólicas prontas no menu para esse público específico. São os chamados mocktails (mock = imitação), como o florida cocktail, o shirley temple, etc.

5. USARÁS BASTANTE GELO.

O álcool tem um sabor melhor quando resfriado (a única exceção a essa regra é o sakê, que, às vezes, é aquecido para consumo durante o inverno); por isso, não economize no gelo, ao mexer ou bater. Sempre encha a sua coqueteleira até a borda com gelo. Deixar seu bar ficar sem gelo é um pecado mortal.

6. PREPARARÁS TEUS COPOS.

Uma maneira de conseguir que o seu coquetel esteja tão frio quanto possível, até o momento de chegar aos lábios de seus clientes, é pré-resfriar o copo. Se você usar água gaseificada, a carbonatação esfriará o vidro mais rapidamente (mas a temperatura final será a mesma). Você também pode simplesmente deixar os copos no congelador enquanto prepara a bebida (a maioria dos bares faz isso), mas o exterior do copo também estará frio, o que pode não agradar a todos os clientes.

Achou um exagero? Faça o teste. Prepare dois coquetéis: um servido em um copo pré--resfriado e o outro em um copo deixado em temperatura ambiente. A diferença será surpreendente.

7. RESPEITARÁS OS GOSTOS INDIVIDUAIS DOS CLIENTES.

Só porque um coquetel é feito com os melhores ingredientes nas mãos de um bartender meticuloso, isso não significa que o cliente seja obrigado a aprovar a bebida. O cliente, ou, nesse caso, seu paladar sempre tem razão. Portanto, não há mal em ajustar um pouco uma receita para satisfazer o gosto do cliente.

8. MANTER-TE-ÁS SEMPRE ATUALIZADO.

Os coquetéis são criaturas vivas que se modificam ao longo do tempo, de acordo com outras tendências: saúde, gastronomia e até moda. Os coquetéis podem ficar mais ou menos doces. Frutas, ervas e especiarias vêm e vão. Técnicas e tecnologia evoluem. O *flair*, por exemplo, tão em moda nos anos 1980, hoje não é tão valorizado quanto o amplo conhecimento dos diferentes produtos, do resultado final quando misturados, e a habilidade de encantar os clientes com a história de coquetéis e bebidas em geral.

■ MERCADO DE TRABALHO

Se você tem interesse em trabalhar em bares, é importante refletir sobre algumas questões: você acha que está preparado para assumir grandes responsabilidades em termos de administração ou prefere praticar a parte técnica? Você quer ser o centro das atenções ou se adaptaria a um papel com maior discrição?

Cada ambiente de trabalho demanda um perfil profissional, como veremos a seguir.

» **Restaurante**
Você gosta de gastronomia e está disposto a aprender sobre o cardápio, sobre as bebidas e os pratos oferecidos, e suas harmonizações? Provavelmente você terá acesso à cozinha e ao equipamento culinário, com possibilidade de colaborar com os chefs e, em geral, trabalhar em turnos mais curtos.

» **Bar de hotel**
Geralmente implica jornadas de trabalho mais longas, porém alguns bares de hotéis alçam seus bartenders à fama com velocidade maior.

» **Baladas**
Rapidez e vendas devem ser o seu forte, enquanto os coquetéis elaborados normalmente ficam em segundo plano. Muita energia para trabalhar a noite toda e paciência com os clientes são essenciais.

» **Cocktail bar**
Dominando as receitas clássicas e se adaptando a um menu prévio, você provavelmente terá a oportunidade, depois de algum tempo, de contribuir com suas próprias criações para o menu. Bartenders de estabelecimentos de elite e de alto perfil encaram expectativas muito altas e constante escrutínio dos clientes e do mercado em geral.

» **Bar de vizinhança**
Atendem clientes regulares, que retornam porque sabem o que esperar e gostam do jeito como as coisas funcionam. Pode ser difícil implementar mudanças nesse tipo de ambiente.

Descobrindo o tipo de estabelecimento com o qual você se identifica mais, o que vem a seguir?

Você deve fazer uma lista de lugares específicos em que gostaria de trabalhar e pesquisar mais sobre cada um deles. Confira os sites, a mídia social, leia comentários, fale com funcionários atuais e antigos, visite o bar como cliente para conhecer o local e observe sua operação, buscando entender melhor a maneira de trabalhar e servir nesse local.

Não se candidate a um emprego sem saber nada sobre como o local funciona, pois você já começará sua busca em desvantagem.

CONCURSO DE BARTENDER: A MELHOR MANEIRA DE SE EXPOR AO MERCADO

Participar de uma competição lhe dará a oportunidade de adquirir novos conhecimentos e praticar suas habilidades. Você também vai conhecer muita gente, o que poderá abrir muitas portas.

É possível que você ache a ideia um pouco intimidadora ou pense que não está pronto(a). Porém, não importa se sua experiência é de três anos em um dos melhores bares do mundo ou de seis meses em seu bar de vizinhança. Se você se esforçou para desenvolver suas habilidades e conhecimentos, tem a mesma chance que qualquer um.

Os concursos trazem vantagens para os bares e para os profissionais que neles trabalham. Para os bares, os bartenders funcionam como relações públicas, pois meios de comunicação e blogueiros darão ao bar uma exposição incrível. Tudo gratuitamente. E não é só isso. A lucratividade desses bares tende a aumentar, pois as competições geralmente são promovidas por marcas *premium* que propiciam uma margem de lucro maior. Como o coquetel participante no concurso é elaborado com essas marcas, o resultado é lucro maior. Isso sem contar que, em virtude de toda publicidade, o movimento no bar tende a aumentar, o que é muito bom!

Mas como se preparar para uma competição? Listamos algumas dicas que podem ajudar você nesse desafio:

» Leia as regras detalhadamente. Atenha-se ao uso de marcas e de ingredientes patrocinadores. Muita gente esquece esse "detalhe".

» Incorpore o espírito do patrocinador: faça dele a estrela do show.

» Certifique-se de que apresentação e técnica estejam perfeitamente alinhados. Só quebre as regras depois de dominá-las perfeitamente.

» Seu coquetel deve ser perfeito muito antes de você se inscrever numa competição. Pratique com amigos, colegas e convidados.

» Filme-se elaborando seu coquetel e veja como pode se aprimorar. Se você tem um mentor, peça a opinião dele.

» Elabore três listas principais: a dos seus ingredientes, a do seu equipamento e a de sua roupa. Leve tudo o que você precisar e puder, pois as diferenças regionais podem ter um impacto importante na sua bebida. Porém, esteja atento às leis de alfândega e/ou de importação locais.

» Certifique-se de conhecer todos os fatos importantes sobre a marca do patrocinador. Até porque, além de o conhecimento técnico ser obrigação, saber a história e as lendas relacionadas à marca são provas de cortesia em relação ao patrocinador.

» Descubra o máximo que puder sobre os juízes. Eles serão seus clientes nesse momento.

» Organize bem seu mise en place. Tão importante na organização, limpeza, eficiência e sabor das receitas, como ele não seria importante num concurso? Alinhe os ingredientes à direita (ou à esquerda) com os rótulos voltados para a frente, na ordem em que pretende usá-los. Enquanto trabalha, pegue cada garrafa, use-a e coloque-a no lado oposto da barra. Sua organização não apenas impressionará os juízes como também ajudará se você tiver um ataque de pânico e um "branco" repentino. Um rápido olhar permitirá que você se recupere e mostre a confiança e a segurança que os juízes querem ver.

» Revele uma personalidade marcante. Essa característica está muito relacionada à sua herança, ao seu estilo ou a algo no qual você é especializado, aperfeiçoado ao máximo. Pode ser a decoração dos drinks, as histórias que conta, a interação com os clientes nas preparações, etc.

CRIANDO NOMES DE DRINKS

O nome de uma bebida pode ter muita influência em seu sucesso ou fracasso. Portanto, se você quer nomear a sua mais recente criação de modo adequado, vale observar que, de modo geral, os nomes dos coquetéis se enquadram em quatro categorias:

1) ESTILO DA BEBIDA

» Sour (destilados, cítricos e açúcar).
» Fizz (similar ao sour, mas num copo de long drink e com refrigerante).
» Martini (curto e forte).
» Flip (destilados, açúcar, especiarias e ovo).
» Old fashioned (destilados, açúcar, bitters e batidos).

2) PESSOAS OU LOCAIS

Manhattan, savoy, buck fizz (de Londres), negroni (em homenagem ao conde que preferia o drink americano com gin, em vez de soda), mary pickford (homenagem à atriz de cinema mudo) e por aí vai.

3) SABOR, COR OU PERSONAGEM

Death in the afternoon (em homenagem a uma das obras de Hemingway), gimlet (nome da ferramenta pequena e afiada usada para bater em seus barris de destilados e cerveja) ou o dark 'n' stormy (por parecer uma noite escura no mar).

4) FATO HISTÓRICO

Sidecar (referência a um capitão da Primeira Guerra Mundial que sempre chegou ao bar do Le Harry em Paris em um sidecar) ou o french 75, chamado assim no Henry's Bar, em Paris, em homenagem à arma de artilharia da Primeira Guerra Mundial.

É claro que existem outras mil maneiras de nomear suas bebidas. Você pode, apenas com as palavras, suscitar a curiosidade de seus clientes e alavancar vendas.

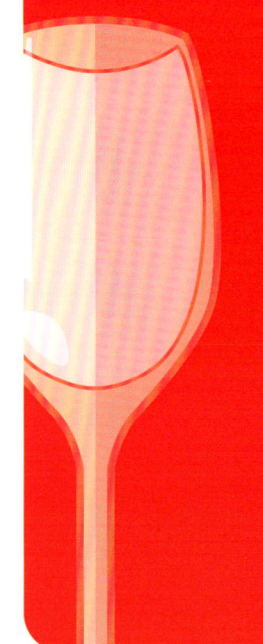

■ DIVULGAÇÃO ON-LINE

O mundo digital oferece uma alternativa mais econômica do que a publicidade convencional e permite que seus clientes façam publicidade por você, a partir de recursos como *check-ins*, avaliações via Google e TripAdvisor e marcação do Facebook em suas postagens.

As mídias sociais e o seu website pessoal (ou o do estabelecimento em que você trabalha) são ótimas ferramentas para deixar os seus clientes, existentes e potenciais, informados sobre um menu de bebidas interessante, eventos, etc. Apenas se assegure de não interagir com ninguém abaixo da idade legal de compra de bebida alcoólica.

Outra consideração importante é que você não precisa estar em todas as mídias sociais, mas lembre-se de criar um conteúdo atraente com regularidade nos canais que possui, pois não há nada pior do que entrar em uma página cuja última postagem foi feita há três meses.

SITE

» Use um site com design responsivo para que consumidores possam acessar facilmente a informação de que precisam ao utilizarem um celular ou outros dispositivos móveis.

» Verifique se o endereço, os horários de abertura e fechamento e o menu do local em que trabalha estão corretos e fáceis de encontrar, assim como suas informações de contato, como telefone e e-mail.

» Adicione um link que abra a localização do estabelecimento no Google Maps.

» Divulgue no site eventos, ofertas e promoções.

» Compartilhe o endereço do site em suas mídias sociais.

» Reserve parte do site para apresentar um blog e publique um novo artigo todo mês.

E-MAIL

» Use o e-mail para relacionar-se com o cliente, parabenizando-o no seu aniversário e descobrindo suas preferências a partir de promoções e envio de conteúdo relevante.

» Não envie e-mails com muita frequência.

» Palavras como *grátis* e *promoção* na linha de assunto podem mandar a mensagem direto para a caixa de spam, por isso evite usá-las.

FACEBOOK

Vem perdendo muitos usuários, mas ainda é uma ferramenta importante.

» Deixe sua postagem mais relevante com fotos de boa qualidade e, se utilizar vídeos, conteúdo em que o Facebook tem cada vez mais interesse, use legendas.

INSTAGRAM

Tornou-se rapidamente um canal de mídia social simples de usar, sem os debates ruidosos do Facebook e impactante para compartilhar informações.

» Mantenha um nome de usuário simples e fácil de guardar.

» Disponha no seu perfil um link para o site do estabelecimento em que trabalha.

» Publique novos drinks, divulgue serviços exclusivos e apresente a equipe que trabalha com você.

» Nos seus posts, capriche na iluminação e no foco da foto, e certifique-se de que ela esteja bem reta e centralizada.

» Acrescente a localização na postagem.

» Use hashtags relevantes para ajudar clientes em potencial a encontrar suas postagens, como #cocktails, #bartender, etc.

TWITTER

É um termômetro da qualidade no atendimento ao cliente. Acesse pelo menos duas vezes ao dia para verificar consultas e reclamações.

» Tweets de boa qualidade contêm imagens, vídeos curtos, poucas hashtags e endereços de sites no meio do texto.

» Use #hashtags locais e, se houver uma hashtag local popular, inclua-a em todos os tweets relevantes.

DICAS ÚTEIS
PARA TODOS OS MEIOS

» Um dos maiores bônus de estar nas mídias sociais é o acesso a influenciadores na área de bebidas. Você pode twittar, marcar e enviar mensagem privada a personagens importantes da área de bebidas. Essa é uma ótima maneira de interagir com influenciadores e criar associações com marcas.

» Construa um relacionamento pessoal com os clientes da mesma forma que você faz quando trabalha atrás do balcão.

» Dê aos clientes uma resposta rápida.

» Qualquer pessoa pode fazer uma reclamação on-line e prejudicar sua reputação, por isso é importante responder a todas as reclamações e críticas e oferecer uma resolução.

» Responda igualmente a críticas e elogios.

PARTE II

Bebidas

Métodos de produção

São quatro os principais métodos de produção de bebidas:

1. CARBONATAÇÃO

Muito utilizada, abrange bebidas alcoólicas e não alcoólicas. É o processo de dissolução do dióxido de carbono em um líquido, como água, sucos, vinhos e outros.

2. FERMENTAÇÃO

Esse método se aplica a todas as bebidas alcoólicas destiladas (vodka, whisky, gin) ou fermentadas (cerveja, vinho, sakê).

Fermentação é o processo de transformação dos açúcares ou a produção de açúcares simples, a partir do amido (sacarificação) na mistura dos cereais, em álcool etílico ou etanol. É produzida por enzimas segregadas por micro-organismos, bactérias ou leveduras; estas, na maioria das vezes, estão incorporadas à matéria-prima (frutas, cereais, etc.), cujo suco é fermentado em tanques ou tinas apropriadas.

3. DESTILAÇÃO

É um processo complexo de separação de líquidos por aquecimento, baseado na diferença de seus pontos de ebulição. Para efetuar a destilação, provoca-se o aquecimento da massa líquida até que ela atinja a ebulição, condensando-se em seguida o vapor obtido. Como os produtos têm pontos de ebulição diferentes, os primeiros vapores sempre são produzidos pelos elementos mais voláteis (é o caso do álcool), que se desprendem assim da massa líquida original. A destilação, portanto, define-se como a combinação de duas operações inversas, vaporização e condensação, e, quanto maior for a diferença do ponto de ebulição de seus componentes, melhor ela será.

A destilação permite separar as substâncias voláteis mais valiosas das menos valiosas. Desse processo, resultam três frações do destilado:

» *cabeça*: substâncias que têm um ponto de ebulição mais baixo do que o de álcool etílico (álcool metílico, acetato de etilo);

» *coração*: compostos que possuem um ponto de ebulição entre 78,4 °C e 100 °C (álcool etílico, ésteres);

» *rabo*: constituintes voláteis que fervem acima de 100 °C (ácido).

4. INFUSÃO

As bebidas alcoólicas submetidas à infusão (por isso chamadas de bebidas compostas) são obtidas graças à imersão temporária de vegetais para que o álcool da bebida possa extrair as essências desses vegetais.

As bebidas fabricadas por esse processo são produzidas a partir de produtos acabados, previamente obtidos pelos processos de fermentação ou destilação, nos quais se adicionam raízes, folhas ou flores. É o que ocorre, por exemplo, com vermutes e licores.

No caso dos vermutes, misturam-se diversas ervas e outros componentes ao vinho; seguem-se, então, a infusão e a maturação.

Já em relação aos licores, misturam-se os componentes ao álcool neutro ou ao álcool obtido do produto que dá o sabor à bebida, juntamente com certa quantidade de água e de substâncias que lhes fornecem viscosidade, fazendo a mistura passar pela infusão e pela maturação.

Não se esqueça de que acrescentar água fervendo a ervas, frutas secas ou especiarias também é uma infusão – nesse caso, não alcoólica. A maneira de preparar essa infusão é semelhante à do chá: colocando as folhas ou sachê em um bule previamente escaldado e adicionando a água fervente a 100 °C ao bule. Mantém-se a infusão de 30 segundos a 5 minutos, então coa-se a bebida ou se retira o sachê.

Análise sensorial

A análise organoléptica ou sensorial de uma bebida é elaborada a partir de nossos sentidos e consiste em diferentes fases, conforme veremos a seguir.

EXAME VISUAL

É a primeira fase da degustação para avaliação de um coquetel. Trata-se da primeira percepção, em que se consideram fatores como formato, estilo do bartender, ambiente onde a bebida está sendo servida e também a técnica utilizada em sua preparação. O exame visual fornece uma série de indícios preciosos para entender a tipologia da receita, sua composição e evolução.

O exame visual é, na verdade, o mais rápido; entretanto, é importante observar o coquetel em sua totalidade e com a máxima atenção: receita, copo, limpeza, cor(es), consistência e caráter.

EXAME OLFATIVO

Os parâmetros da avaliação olfativa não são apenas a intensidade, a complexidade e a qualidade olfativa, mas também o reconhecimento das nuances olfativas e sua descrição, provavelmente a parte mais difícil do processo.

Conjunto de nuances aromáticas percebidas simultaneamente

maior

menor

Número de nuances aromáticas percebidas repetidamente

menor ⟶ maior

Figura 5. Intensidade olfativa.

Figura 6. Complexidade olfativa.

» A intensidade olfativa é uma propriedade vertical que indica a "massa" de aromas alcançada por nossos receptores olfativos.

» A complexidade olfativa é uma propriedade horizontal que indica o "número" ou variedade de aromas que nossos receptores olfativos percebem em sessões repetidas, na inspiração.

CABEÇA
CÍTRICOS
limão, tangerina, mexerica
ESPECIARIAS
anis, lavanda, citronela

CÍTRICOS, ESPECIARIAS

CORAÇÃO
» FLORES
rosa, jasmim, lilás
» ERVAS
grama, hera, folhas
» FRUTAS
framboesa, pera, pêssego
» ESPECIARIAS
noz-moscada, cravo, canela

FLORES, ERVAS, FRUTAS, ESPECIARIAS

BASE
AMADEIRADOS
cedro, patchouli, musgo
BALSÂMICOS
baunilha, fava tonka, heliotropo

AMADEIRADOS, BALSÂMICOS

Figura 7. Pirâmide olfativa. A camada superior da pirâmide é composta de aromas mais voláteis e menos persistentes; em direção à base da pirâmide, a volatilidade vai diminuindo e a persistência vai aumentando.

EXAME GUSTATIVO

» **Doce.** Sentido na ponta da língua, justamente onde está a maior concentração de papilas gustativas. Não captado pelo nariz. A doçura é captada por meio de aromas associados a ela: frutas maduras e baunilha.

» **Azedo.** Representa o excesso de acidez, como nas frutas cítricas: limão, laranja, etc. Na quantidade certa, dá vida ao alimento, tornando-o mais interessante. É sentido nas bordas superiores da língua. Captado pelo nariz, a língua rapidamente reage, crispando suas bordas em antecipação à experiência.

» **Salgado.** Sabor básico. Relacionado à mineralidade do solo. Mais presente em vinhos.

» **Amargo.** Lembre-se de jiló. Não deve ser confundido com tanino.

» **Tendência ao amargo.** Similar à ação dos bitters que dão um leve amargor ao coquetel, sem, contudo, torná-lo amargo.

» **Os taninos.** Pense em caju. Causam sensação das mais rudes: a parte interna da boca e gengiva parecem enrugar. São oriundos das sementes, cascas e engaços das uvas, bem como da madeira na qual as bebidas foram armazenadas.

» **Corpo.** Detectado visualmente a partir das lágrimas que escorrem no copo. É a sensação física de como o líquido pesa na língua, e está relacionado ao álcool.

EXAME GUSTO-OLFATIVO

Ao degustar um coquetel, deve-se verificar, primeiramente, a eventual presença de qualquer anomalia ligada à alteração dos produtos usados na sua composição, que raramente é percebida nos exames visual e olfativo.

Se o coquetel não apresenta nenhuma anomalia, pode-se proceder com a análise das sensações de sabor (doçura, acidez, mineralidade e amargor), das sensações táteis nas papilas gustativas (pseudocalor, adstringência, estrutura, consistência gustativa, pungência, efeito térmico) e finalmente a sensação deixada na boca após o primeiro gole, o retrogosto.

A exploração da misteriosa e fascinante realidade de um lindo copo do coquetel que chega ao final deve ser como um retorno de uma viagem longa e apaixonante.

O que resta a fazer depois disso é expressar um julgamento que leve em conta tudo o que afetou os sentidos e impressionou a memória.

Cerveja

A cerveja é uma bebida natural, gasosa, ligeiramente alcoólica, resultado da fermentação de uma infusão de cevada germinada sobre a ação de leveduras da cerveja, e aromatizada com lúpulo. É constituída principalmente de água, sendo, portanto, bastante refrescante.

PROCESSO DE PRODUÇÃO

1. MALTAGEM

Trata-se do processo de molhar, germinar e secar o grão – nesse caso, a cevada.

A cevada das cervejarias deve ser pobre em proteínas, mas com um grande potencial para a germinação, processo no qual permanece a uma temperatura constante de 17 °C durante cinco a seis dias. Nessa fase, ocorre uma concentração de amidos, que liberam os açúcares (maltose) e o desenvolvimento das diástases (enzimas).

O malte, que nada mais é do que cevada germinada, comporta uma abundância de proteínas, que rendem uma estabilidade frágil à cerveja.

A cevada em forma de malte (germinada) é utilizada apenas dessa maneira ou ainda depois de tostada. Quanto mais tostada, mais cor e sabor ela dará ao produto final (cerveja).

2. MOSTAGEM

As cervejarias, então, usam cereais crus, como trigo, centeio, milho e arroz, que são pobres em proteínas, para melhorar a estabilidade da cerveja.

A escolha de cereais e da quantidade utilizada impacta diretamente o estilo da cerveja, e essa é uma decisão do mestre cervejeiro. Cervejas padrão (as mais comuns e baratas do mercado) levam quantidade maior de milho e arroz em sua composição. Isso, além de diminuir o custo dos cereais principais, já que o milho e o arroz são mais baratos do que o trigo e o centeio, também diminuem a necessidade de malte e lúpulo na receita.

Os cereais são moídos para facilitar a ação das enzimas que neles se encontram. Eles podem adicionalmente ser tostados de acordo com o estilo definido pelo mestre cervejeiro.

Os cereais são levados a cozer em temperatura controlada, durante um tempo determinado, para que as enzimas possam ser ativadas, gerando a mágica da cerveja: o mosto. O mosto será esse grande mingau de cereais cozido controladamente para que possa passar para a próxima fase: a fermentação, quando o álcool e o gás surgirão na cerveja.

3. LUPULAGEM

Somente as flores fêmeas do lúpulo são usadas para aromatizar o mosto. Necessita-se de 100 a 200 gramas de flores por hectolitro de cerveja terminada. A colheita é feita em setembro.

O lúpulo não só acrescenta aromas florais e sabores amargos à cerveja, como também tem papel importante em sua conservação, pois possui poderosos agentes antioxidantes em sua composição.

4. FERMENTAÇÃO

As leveduras são sensíveis a temperaturas altas, então o mosto precisa ser resfriado para que esteja pronto para recebê-las.

No mosto amornado, a levedura vai consumir os açúcares oriundos dos amidos modificados pelas enzimas ou até mesmo açúcares adicionados e eliminar gás carbônico, bem como álcool.

E está pronta a cerveja! Depois disso, ela pode ser eventualmente filtrada se o que se deseja é uma cerveja limpa ou cristalina. Alguns estilos são mesmo turvos. Na sequência, ela engarrafada e levada ao comércio.

VARIEDADES

Existem três categorias de cervejas:

» **As cervejas de fermentação baixa (lager).** Fáceis de tomar, leves e saborosas, são as cervejas mais populares do mundo. São fermentadas a baixa temperatura, com leveduras ativas na parte inferior do tanque de fermentação. Nessa família, encontram-se vários tipos de cervejas, como a pilsen, a dortmunder, a muncher, a bock e a double bock.

» **As cervejas de fermentação elevada (ale, stout, porter).** São cervejas mais marcantes, com mais sabor, vigorosas, alcoólicas e densas. A fermentação ocorre em temperaturas mais elevadas, com leveduras que se desenvolvem na parte superior do tanque de fermentação. Existem vários termos para designar as cervejas de fermentação elevada, como a stout e porter, popularizadas pela Inglaterra.

» **As cervejas de fermentação espontânea (lambic)**. Não exigem nenhuma adição de leveduras. São cervejas que sofrem uma segunda fermentação em garrafa. O mosto, colocado ao ar livre em tanques pouco profundos, recebe as leveduras locais, puras, oriundas do próprio ambiente. A fermentação prossegue em tonéis de madeira durante vários meses. As cervejas trappiste, as abbaye e as white também fazem parte dessa família. Esse método artesanal é uma especialidade do vale do Senne, na Bélgica, onde a elaboração das cervejas de fermentação espontânea é regulamentada. Essas são exclusivamente chamadas de lambic e contêm uma proporção de pelo menos 30% de trigo, por isso têm um aroma frutado e sabor agridoce. Uma lambic pode ser jovem (1 ano) ou mais antiga.

O quadro 2 esquematiza os cinco estilos mais importantes de cerveja e suas respectivas características.

No entanto, as cervejas podem ser classificadas, especialmente para efeitos de concurso, em relação a: modo de produção, sabor, potência, cor, fermentação, origem e família de estilo – cada uma das famílias oferece infinitas possibilidades de elaboração.

	Lager	Ale	Stout	Porter	Lambic
Cor	Amarela-pálida, dourada	Marrom, tijolo, avermelhado	Marrom-escura, preta	Marrom-escura, preta	Amarela-pálida, dourada
Sabor	Alta carbonata-ção, lúpulo de intensidade média e um final suave e limpo.	Mais robusta e complexa, com notas de malte, frutas e castanhas.	Encorpada e cremosa na textura, com notas de café.	Característi-cas de frutas de bosque, com corpo mais leve e final mais seco que a stout.	Ácida com notas terrosas. Algumas variedades têm sabor de frutas.

Quadro 2. Tipos de cerveja.

Vinho

O vinho é uma bebida natural, resultado da fermentação alcoólica de uvas sob a ação de leveduras selvagens ou artificiais.

A França foi líder do mercado mundial de vinhos desde o século XIII, porém, a partir da segunda metade do século XX, começaram a se destacar mercados que não produziam vinho tradicionalmente e algumas iniciativas logo começaram a surpreender o mundo com vinhos chilenos, argentinos, australianos e americanos.

Está dividida a produção de vinhos em Velho Mundo (Europa) – tradição, pequenas produções, regras e um estilo bem definido – e Novo Mundo (Américas, Austrália, África do Sul e Nova Zelândia) – inovação, produções massivas, pouquíssimas regras e um estilo ao gosto do freguês.

O vinho pode ser considerado uma bebida comparativamente mais cara por três fatores principais:

» **Tempo**. O tempo muda os sabores das frutas na garrafa, reduz a acidez e afina os taninos; porém, manter o vinho parado vários anos é caro. Exemplo: rioja e barbaresco, vendidos apenas aos 10 anos.

» **Carvalho**. Acrescenta aromas amadeirados (como baunilha e especiarias) à bebida, permitindo que o vinho, gradualmente, entre em contato com o oxigênio, o que também torna os taninos menos intensos, mas a evaporação e a própria madeira trazem custos adicionais.

» **Terroir**. Todo grande vinho é produzido a partir de um vinhedo (terroir), ou seja, quanto melhor o local em que se encontram as videiras, mais caro será o vinho. A uva adequada ao terroir também vai determinar os custos com a variedade (a cabernet sauvignon é mais cara que a merlot, por exemplo) e o rendimento.

Por isso, um vinho jovem de uma marca desconhecida, de uma região popular do Novo Mundo, é muito mais barato do que um vinho de uma marca badalada de um vinhedo internacionalmente conhecido do Velho Mundo, que só é vendido depois de décadas, envelhecendo em carvalho francês.

UVAS VINÍFERAS E UVAS AMERICANAS

Outra diferença entre o Novo Mundo e o Velho Mundo são as uvas. No Novo Mundo existem as uvas chamadas americanas, espécies com casca mais fina, muita polpa, sementes pequenas e levemente adocicadas, perfeitas para serem saboreadas ao natural e que produzem sucos excelentes e vinhos de mesa (suaves). Na Europa, a elaboração de vinhos com essas uvas – por exemplo, isabel e niágara – é proibida na maioria dos países.

No Velho Mundo existem as uvas viníferas de casca grossa, menos polpa, sementes proporcionalmente grandes e incrivelmente doces, capazes de produzirem, durante a fermentação, os aromas e os sabores mais desejáveis para um vinho.

A seguir, veja alguns exemplos das uvas mais conhecidas de alguns países (não necessariamente nativas do local) e que produzem vinhos.

UVAS BRANCAS

» Chardonnay – França, USA (Califórnia), Chile, Nova Zelândia;
» Sauvignon blanc – França, USA (Califórnia), Chile, Austrália;
» Riesling e gewürztraminer – França, Alemanha;
» Alvarinho – Portugal;
» Moscato – Itália;
» Muscadelle – França;
» Palomino e verdejo – Espanha;
» Pinot blanc – França, Itália, Alemanha, USA (Califórnia).

UVAS TINTAS

» Cabernet sauvignon – França, USA (Califórnia), Chile, Austrália;
» Malbec e barbera – Itália, Argentina, Chile;
» Nebbiolo, lambrusco, sangiovese e bonarda – Itália;
» Tannat – França e Uruguai;
» Cabernet franc – França;
» Pinot noir – França, USA (Califórnia), Chile;
» Touriga nacional – Portugal;
» Syrah ou shiraz – França, Austrália e África do Sul.

PROCESSO DE PRODUÇÃO

Após a colheita, as uvas são levadas para a adega, onde os cachos das uvas são separados em engaço (folhas e talos) e bagos, que serão utilizados na produção do vinho, pois o engaço deixa notas vegetais muito acentuadas no produto final.

Os bagos são amassados com uma prensa e levados a um recipiente para maceração, obtendo-se um suco fermentado e mais concentrado. Após algum tempo, determinado pelo produtor de acordo com as características do vinho que deseja fabricar, as cascas e sementes são separadas do vinho.

O vinho vai então ser envelhecido, também por tempo determinado pelo produtor ou enólogo, até o momento de ser engarrafado. Normalmente o vinho é clarificado antes de ser engarrafado, para que se retire o excesso de borra que pode não agradar a todos os clientes.

O vinho pode conter uma ou mais variedades de uva e também pode ser misturado a outros vinhos em qualquer uma das fases do processo (maceração, envelhecimento ou engarrafamento), conforme o enólogo.

OS VINHOS DOCES

São vinhos especiais, também chamados vinhos de sobremesa, dessert wines ou pudding wines. Sua principal característica é preservar parte do açúcar natural das uvas em sua elaboração. Os vinhos podem ser tornar doces por processos diferentes: alguns deles acontecem no vinhedo; outros, na adega.

Os vinhos doces originários de vinhedo mais conhecidos são os de colheita tardia, o passito, o ice wine e os botritizados.

Os vinhos doces processados na adega mais conhecidos são o porto, o madeira, o jerez e o marsala.

■ TIPOS DE GARRAFAS

São cinco os principais tipos de garrafas de vinho no mercado:

» **Porto**. Para os vinhos generosos, como porto, jerez e madeira.
» **Champagne**. Para os vinhos espumantes, como crèmant, champagne e sparkling wine.
» **Renana**. Para vinhos das uvas riesling e gewürztraminer.
» **Borgonhesa**. Para os vinhos das uvas chardonnay e pinot noir.
» **Bordalesa**. Para os demais vinhos.

Alguns produtores investem em formatos variados de garrafas como forma de diferenciação do produto no ponto de venda.

Figura 8. Tipos de garrafas de vinho.

■ O RÓTULO

Os rótulos de vinhos do Velho Mundo são bastante característicos – e até intimidadores para quem não os conhece, em virtude do excesso de informação. Neles, é possível obter dados sobre o produtor, a Denominação de Origem Controlada (DOC), a graduação alcoólica, a quantidade de líquido, o local de engarrafamento e o país produtor.

Já nos rótulos de vinhos do Novo Mundo podemos observar informações mais simplificadas, especificando o produtor, a uva, a DOC, a graduação alcoólica, a quantidade de líquido e o país produtor.

Figura 9. Exemplo de rótulo do Velho Mundo.

1. Produtor: é o fabricante do vinho. Pode ser uma pequena vinícola familiar ou uma grande empresa.
2. Denominação de origem: aplica-se a vinhos produzidos dentro de uma região específica com diversos tipos de controles e normas de produção.
3. Safra: especificação do ano de colheita da uva. **4. Origem**: origem do produto. **5. Marca**: nominativa ou figurativa, é o nome comercial do vinho. **6. Uva**: tipo de uva usada na produção.
7. Região: a região de origem revela o clima, o solo, o terroir, onde a uva foi cultivada e o vinho produzido. **8. Teor alcoólico. 9. Volume líquido.**

Sidra

Suco alcoólico de maçãs fermentadas, a sidra apresenta alto teor de suco (mais de 80%) e é isenta de colorantes, saborizantes ou adoçantes.

Da mesma maneira que o vinho, a boa sidra não tem apenas aroma de maçã, mas também notas frutadas de banana, melão, pera, baunilha, geleia de figo, passas e frutas cítricas. Outros aromas podem ser florais (rosa, gerânio ou flor de laranjeira) ou ainda lembrar açúcar queimado (toffee e caramelo). As sidras envelhecidas que passam por fermentação malolática também podem ter aromas amanteigados.

Normalmente a sidra apresenta entre 6% a 8% de álcool, podendo chegar a 10% se a fruta for muito doce.

PROCESSO DE PRODUÇÃO

Para prepará-la, o primeiro passo é misturar diferentes tipos de maçãs doces, amargas e azedas – cada produtor escolhe a proporção que considera mais adequada. Existem pelo menos cinquenta tipos de maçãs, seguindo uma regulamentação de 10 a 35 toneladas por hectare. Em seguida, a fruta é esmagada para recuperar o primeiro suco espremido, transformado em um mosto, que é prensado e fermentado lentamente por vários meses, a baixa temperatura. As leveduras, como no vinho, podem ser selvagens ou industriais. Uma fermentação descontrolada dará origem a defeitos como aromas sulfurosos (ovo), mofo e esterco.

A maioria das sidras são elaboradas para consumo ainda jovens, porém outras são envelhecidas em barris antigos de whisky. A sidra é destilada e tratada da mesma maneira que o cognac e o armagnac.

VARIEDADES

» **Comerciais**. Encontradas na Europa, são equilibradas entre acidez, açúcar e tanino. Quando artesanais, tendem a ser muito mais encorpadas, enquanto ainda preservam um balanço entre os três elementos.

» **"Keeved"**. Apresenta menos acidez e muito mais tanino, equilibrado apenas com o açúcar.

» **Vinho de maçã**. Praticamente não oferece

tanino, explorando a acidez contrabalançada pelo açúcar.

» **Single**. Utiliza apenas uma variedade de maçã, sem mistura.

» **Fermentada na garrafa.** Espumante, engarrafada antes que a fermentação tenha terminado ou com adição de CO_2.

» **Sidra de gelo (ice cider/ cidre de glace)**. Uma alternativa interessante aos vinhos doces, em que o suco de maçã é congelado antes da fermentação, para elevar o açúcar e a acidez.

EAU-DE-VIE DE SIDRA

As aguardentes, derivadas da sidra, são produtos da Bretanha e da Alta Normandia. Na América, a eau-de-vie de maçãs é denominada applejack; já na Inglaterra, é conhecida como apple brandy; e na França existem duas variedades, pommeau e calvados.

Sakê

Bebida tradicional do Japão, o sakê é elaborado a partir da fermentação do arroz. Pode-se dizer que se parece com um vinho de arroz, com teor alcoólico em torno de 15%.

PROCESSO DE PRODUÇÃO

O arroz é a matéria-prima do sakê. Sua produção é feita em cinco etapas:

» **Seimai**. O grão de arroz é polido para a retirada de gorduras e proteínas contidas na parte mais externa do grão. Quanto mais polido o arroz, mais puro é considerado o produto final. Em seguida, o arroz é cozido a vapor.

» **Seikiku**. Produção do arroz--koji, com a união do arroz cozido e do fungo *aspergillus oryzae* (kōji, em japonês). Na sequência, é adicionada uma cultura de levedura a uma parte do arroz-koji, a fim de dar início à fermentação, para que se forme o shubo nos tanques de fermentação, chamados shikomi.

» **Moromi**. A junção do shubo com o restante do arroz-koji para que todo arroz seja fermentado, durante cerca de trinta dias, e transformado em sakê.

» **Roka**. Filtração.

» **Hi-ire**. Pasteurização.

VARIEDADES

» **Futsu-shu**. Cerca de 70% da produção.

» **Junmai-shu**. O mais puro, feito com arroz, água e koji. Não sofre acréscimo de álcool.

» **Honjozo-shu**. Tem pequena quantidade de álcool etílico destilado, o que melhora o sabor, tornando-o mais suave.

» **Ginjo-shu**. Tipo fermentado a uma temperatura baixa por muito tempo.

» **Daiginjo-shu**. Com o polimento, o arroz perde pelo menos 50% de seu volume original, chegando em alguns casos a perder até 65%. Este tipo é caracterizado pelo sabor suave e leve e pelos aromas frutados denominados ginjo-ka.

» **Nama-zakê**. Não pasteurizado, deve ser guardado na geladeira.

» **Nigori-zakê**. Não filtrado.

O copo quadrado de madeira
para beber sakê se chama
massu, mas originalmente
era apenas uma ferramenta
para dosagem. A bebida deve
ser servida em garrafinhas
de cerâmica (tokkuri) e em
copinhos (guinomi ou chokko),
mas também pode ser utilizada
uma taça de vinho branco, que
"prende" os aromas.

A temperatura de serviço é de
10 °C para o resfriado e entre
40 °C e 55 °C para o aquecido.

Vodka

Produto incolor, sem odores, com uma graduação alcoólica elevada, vodka quer dizer "aguinha", uma forma delicada e diminutiva de chamar um líquido que só se parece com água na cor (ou falta dela) mesmo.

PROCESSO DE PRODUÇÃO

Hoje, cada país produtor faz vodka a partir da fermentação, com distintos métodos de produção e destilação. Na Europa Oriental, era inicialmente obtida a partir da batata, que dá origem a produtos de textura cremosa, e essa segue sendo a preferência nessas regiões. No resto do mundo, existe uma clara preferência pelas vodkas elaboradas a partir de grãos.

As vodkas elaboradas a partir de cevada podem ter caráter mais leve e seco. O centeio pode dar origem a vodkas mais doces, e o milho origina produtos com textura bastante rica e toque de anis.

Na Inglaterra e nos Estados Unidos, sua produção se voltou para a melhora do processo da destilação a partir de cereais e grãos.

As vodkas comuns, mais baratas, são geralmente produzidas a partir de melaço, ganhando um pouco do sabor desse produto, denotando doçura. A velocidade da destilação também pode ter um impacto negativo no sabor.

As vodkas comercializadas com um caráter mais *premium*, portanto mais caras, geralmente utilizam como diferencial determinados ingredientes, a proveniência da água ou a utilização de métodos de produção incomuns, além de embalagens sofisticadas.

A forma como ela é consumida também difere segundo a região. Nos países bálticos da Europa Oriental, a bebida é tomada sozinha, servida em copos bem frios. Já nos países ocidentais, é utilizada para preparar coquetéis. Atualmente, a graduação típica é de 45%.

Existem variantes da bebida, como a polonesa zubrówka, que é elaborada agregando-se uma maceração de *Hierochloe odorata*, a erva nativa conhecida localmente como "erva do bisonte" (Żubr, em polonês). Essa maceração faz com que a bebida adquira um tom amarelado, além de agregar buquê e certo sabor amargo.

Rum

O rum é uma aguardente antiga, obtida por fermentação alcoólica e destilação do suco da cana-de-açúcar, ou do melaço e subprodutos da fabricação do açúcar de cana.

A cana-do-açúcar é uma planta que precisa de calor, umidade e sol; é cultivada em 75 países situados entre os trópicos de Câncer e de Capricórnio e pode ter sido levada dos Açores ou das Ilhas Canárias para as Antilhas por Cristóvão Colombo, durante a sua segunda viagem. O rum é mencionado pela primeira vez na escrita em Barbados, no século XVII, referindo-se a punch, uma bebida típica nas Índias Ocidentais.

Outra origem do nome pode estar associada ao termo *kill-devil* (diabo matador) ou a *rumbullion*, tumulto, uma palavra de Devon, condado a sudoeste da Inglaterra, em razão da grande quantidade de mercadores homens desta região, das viagens aventureiras. Também pode vir de *brum*, nome malaio para a bebida fermentada do século VIII. Outra hipótese provável é a de que rum seja a contração do termo latim *Saccharum officinarum*, nome científico da cana-de-açúcar.

Fator de grande importância econômica nos séculos XVII e XVIII, o rum era exportado das Antilhas para a Europa. A demanda era tão alta que se estabeleceram destilarias em Nova York e na Nova Inglaterra, sendo abastecidas pelas Antilhas francesas e espanholas. Cerca 80% do produto era consumido nas colônias norte-americanas, e o restante era enviado à África para a troca por escravos, marfim e ouro.

O rum que conhecemos hoje foi criado por dom Facundo Bacardí Massó há mais de 150 anos. A produção de runs secos e leves aconteceu no final do século XIX. Esse tipo, produzido principalmente nas Antilhas Espanholas (Cuba, República Dominicana e Porto Rico) e nas Ilhas Virgens, emprega leveduras cultivadas para a fermentação, e para a destilação são utilizados alambiques modernos de operação contínua. Os runs usualmente são mesclados e envelhecidos de um a quatro anos. Os runs de etiqueta branca são claros e de sabor suave, os de etiqueta dourada são de cor âmbar e de sabor mais pronunciado e mais doce, resultantes de um envelhecimento mais prolongado e da adição de caramelo – este é o álcool que aparece em todas as histórias de piratas.

PROCESSO DE PRODUÇÃO

A matéria-prima para a fabricação do rum é sempre a cana-de-açúcar, tanto o suco extraído da cana recém-colhida como o seu subproduto, o melaço.

O caldo de cana pode ser fermentado diretamente, enquanto a fermentação do melaço exige a mistura com água. Fermentações mais prolongadas produzem runs mais aromáticos e encorpados, independentemente da cor. O processo de fermentação se dá a partir de diversas espécies de leveduras, que podem ser naturais ou inoculadas. A fermentação ocorre num período de dois a cinco dias, e o licor alcoólico obtido é destilado até chegar de 55 a 65 graus de álcool.

Para a destilação, são utilizados alambiques modernos de operação contínua.

Os runs usualmente são mesclados e envelhecidos de um a quatro anos, normalmente em barricas anteriormente utilizadas para estágio de bourbon.

Os runs claros são suaves e, por isso mesmo, muito utilizados na coquetelaria. Quando elaborados a partir de caldo de cana, adquirem notas de canela, cana e toques herbáceos. Já aqueles produzidos à base de melaço têm aroma mais frutado.

Os runs dourados têm sido cada vez mais utilizados na criação de coquetéis. Possuem cor dourada, âmbar e têm sabor mais pronunciado e doce, resultante de um envelhecimento mais prolongado e por adição de caramelo. Os melhores possuem notas de baunilha e caramelo.

Por fim, os runs escuros, de estilo tradicional, conhecidos como "navy", são com frequência de qualidade superior, mais intensos em termos aromáticos e normalmente compostos por lotes de runs elaborados em diferentes ilhas, destilarias e envelhecidos por mais tempo.

VARIEDADES

Pode-se classificar os tipos de rum produzidos em diferentes países em função das matérias-primas utilizadas para sua elaboração:

» **Porto Rico.** Rum de garapa, xarope e melaço. Porto Rico é o maior produtor de rum do mundo. É a base de produção da Bacardi (uma vez retirada de Cuba, onde se originou).

» **Martinica.** O rum da Martinica é mais conhecido como saint james, com aroma distinto dos demais runs. É elaborado a partir da fermentação em 60% de dunder (resíduo que se origina no alambique depois da destilação da cana-de--açúcar).

» **Haiti.** O domínio francês sobre o Haiti influenciou sua produção de rum, que é destilado duas vezes – como o cognac –, deixando-o com uma cor pálida.

» **Jamaica.** São runs robustos, marcados de sabor, embora seja dada mais importância aos runs leves, de fermentação rápida. Seu envelhecimento e engarrafamento, em grande parte, são realizados na Inglaterra. São sempre mesclados e envelhecidos durante cinco a sete anos, pelo menos. Usualmente se comercializam com um teor alcoólico de 43% a 49% por volume.

» **Nova Inglaterra.** O rum dessa região dos Estados Unidos tem um sabor forte e alto teor alcoólico.

» **Indonésia.** O rum da Indonésia, conhecido como batavia arrack, é um rum pungente, produzido na ilha de Java.

Gin

Álcool aromatizado com sementes de zimbro, coentro, cardamomo, gengibre, zestes de limão e de laranja, etc.

PROCESSO DE PRODUÇÃO

O gin é elaborado de uma mistura de cevada maltada, trigo, milho e centeio, que produz um destilado encorpado semelhante ao whisky. Uma pequena quantidade de gin é destilado diretamente das sementes do zimbro fermentadas, dando origem a um destilado de aroma peculiar.

A maioria dos fabricantes de gin destilam seus produtos em patent still. O gin genever é destilado em alambiques do tipo pot still, o que resulta em um destilado mais aromático.

Gins de baixa qualidade são fruto da mistura do destilado básico com o zimbro e extratos botânicos. Os gins mais comuns no mercado são produzidos saturando bagas de zimbro e elementos botânicos em um destilado básico, e depois redestilando a mistura. Já os gins de alta qualidade são produzidos depois de uma ou mais destilações do destilado básico.

Durante a destilação final, o vapor do álcool sobe por uma câmara na qual as sementes de zimbro e outros botânicos secos são suspensos. O vapor extrai os elementos aromáticos, óleos e temperos, passando depois através da câmara para um condensador. O resultado é mais complexo do que as demais variedades.

Cada produtor de gin possui sua própria combinação de elementos botânicos, supersecreta, o que confere a cada um características distintas. Os elementos botânicos mais usados nesse processo são erva-doce, canela, casca de laranja, coentro e cardamomo.

O gin é uma bebida que não necessita de envelhecimento e possui grau alcoólico entre 40° e 47° GL.

Serve-se quase sempre o gin em coquetel ou, às vezes, com água e limão ou ainda água gaseificada (água tônica). A bebida casa muito bem com frutas, siropes e com outras bebidas, mas deve-se evitar misturá-lo com eau-de-vie ou com whisky.

Zimbro	Canela	Cássia	Casca de limão	Casca de laranja
Cítrico, com notas de pinho	Aromática	Aromática, semelhante à canela	Cítrica e fresca	Doce e amarga
Noz-moscada	Raiz de orris	Amêndoas	Cardamomo	Gengibre
Doce e aromática	Amarga e aromática	Picante e amendoada	Picante e cítrico, com um toque de eucalipto	Picante e aromático
Alcaçuz	Cubeb	Pimenta-da-jamaica	Semente de coentro	Angélica
Doce e amadeirado	Picante e cítrica	Picante	Levemente picante, amendoada e cítrica	Terrosa, levemente amarga e herbácea

Quadro 3. Componentes botânicos do gin e seus sabores.

VARIEDADES

» **London dry gin**. É produzido redestilando-se o destilado neutro, em alambique, com o zimbro e demais botânicos. Nenhum outro sabor pode ser adicionado depois da destilação. Em alguns casos, a matéria-prima botânica é macerada com álcool para a liberação mais intensa de óleos essenciais. Os gins mais sutis são obtidos colocando-se os ingredientes botânicos num cesto no topo do alambique. Esses vapores sobem ao cesto e, ao entrar em contato com os ingredientes botânicos, extraem seus aromas. Não há contato direto entre os ingredientes botânicos e o destilado. Esses alambiques especiais são chamados de "carterhead".

» **Distilled gin**. Neste tipo de gin pode haver adição de sabores, como pepino e pétalas de rosa, após a destilação. É muito utilizado na coquetelaria.

» **Gin por composição a frio**. A forma mais popular e barata da bebida. Os sabores são adicionados em forma de óleos essenciais ou aromatizantes artificiais. Podem ter um ataque (primeiro impacto causado pelo aroma ou sabor) intenso quando é servido, mas o aroma desaparece rapidamente.

Whisky e whiskey

Desde sempre, irlandeses e escoceses disputam a paternidade da bebida. O fato é que os dois países fabricam produtos bastante diferentes, e ambos devem ser apreciados por suas características particulares.

■ SCOTCH WHISKY

O whisky é uma bebida clássica com um sabor distinto e requintado, originado no processo de secagem do seu malte à base de grãos, como trigo, centeio e milho.
A bebida precisa ser destilada e maturada somente na Escócia, e o processo de amadurecimento tem de levar pelo menos três anos.

Outro fator que caracteriza essa bebida escocesa é a destilação dupla e a maturação em barricas, anteriormente utilizadas por vinhos jerez e de carvalho americano. Já o sabor e o aroma dependem da região (ao todo são seis) onde foi produzido.

PROCESSO DE PRODUÇÃO

O fator mais distinto na fabricação do whisky é o processo de secagem do seu malte. Durante esse processo, o queimar da turfa permite que o fumo entre em contato com o próprio malte, e isso faz com que o seu sabor seja único. A qualidade da água dos Highlands Springs, utilizada na mistura do whisky, e o clima úmido da Escócia garantem a qualidade no envelhecimento da bebida.

Em várias regiões da Escócia produz-se whisky com sabores diferentes, o que acontece em razão das características de produção de cada um deles, sendo que a maioria das destilarias adiciona caramelo. São cinco as regiões produtoras de whisky: Highland, Lowland, Speyside, Islay e Campbeltown.

A graduação alcoólica normal dessa bebida oscila entre 35% e 65% de álcool.

VARIEDADES

» **Single grain Scotch whisky.** É produzido por uma única destilaria, e pode apresentar grãos (trigo, milho ou centeio) maltados ou não.

» **Single malt Scotch whisky.** Muito raro, é elaborado a partir de um único tipo de grão maltado, tradicionalmente a cevada, proveniente de uma única destilaria. É uma das variedades de whisky mais caras.

» **Blended Scotch whisky.** É feito da mistura de grãos maltados e não maltados, produzidos por diferentes destilarias. Normalmente, possui em sua composição cerca de quarenta tipos de whisky diferentes. Trata-se um whisky muito mais barato do que os de malte único e um dos mais consumidos em todo o mundo.

As bebidas podem receber a denominação de *scotch* se envelhecerem por pelo menos três anos em barril de carvalho. A especificação da vereriedade do whisky deve estar escrita no rótulo, bem como a idade. No caso dos blended, a idade que consta no rótulo é a do whisky mais jovem que se encontra na mistura.

■ IRISH WHISKEY

Elaborado a partir de uma mistura de cevada não defumada e não tostada, tem caráter frutado e levemente apimentado. É mais suave porque é triplamente destilado.

PROCESSO DE PRODUÇÃO

O primeiro processo é a maltagem, quando os amidos insolúveis se convertem em açúcares fermentáveis. Os grãos de cereais são submersos em água e colocados num local úmido e quente para que germinem, depois são secados em forno, o que interrompe a germinação.

Após a maltagem, ocorre a maceração, quando o grão maltado é moído e depois misturado com água quente. Aí, sim, ocorre a fermentação.

O whiskey é destilado três vezes e os cereais que entram na sua composição são: 50% cevada maltada, 30% cevada não maltada, 10% centeio e 10% trigo. Essa é uma mistura bastante complexa de ser realizada e, durante a secagem, são necessários muitos cuidados para manter as temperaturas baixas, de modo que o gosto delicado e sabor de mel torrado do preparado se mantenham sempre uniformes e consistentes.

Logo que sai do alambique, o whiskey, em virtude de sua tripla destilação, tem uma percentagem de álcool maior, se comparado com o whisky escocês. No entanto, até o momento de sua comercialização deve ter no mínimo 40% de álcool.

Para ser considerado um whiskey, é obrigatório que a sua destilação e envelhecimento sejam feitos na Irlanda. A maioria das marcas produz a bebida em Middleton. Outras regiões importantes são Cooley e Bushmills – esta última, a única na Irlanda do Norte.

O seu amadurecimento passa pelo repouso em tonéis de carvalho, que usualmente são utilizados na produção do jerez, rum, brandy ou bourbon. Por norma, o período de envelhecimento não pode ser inferior a 4 anos, e, na maioria das vezes, aproxima-se dos 10 ou 15 anos.

VARIEDADES

» **Irish single malt.** Whiskey de malte único, feito com 100% de cevada malteada por uma única destilaria.

» **Pure pot still.** Produzido somente na Irlanda, a partir de uma combinação de cevada maltada e não maltada, ambas destiladas num alambique de cobre.

» **Irish single grain.** É feito a partir do milho e do trigo, produzido em um alambique de patent still e se apresenta mais claro no exame visual.

» **Irish blended.** A variedade mais popular, constitui 90% da produção do whiskey. É uma mistura de destilações diversas e nasce da mistura de grãos e maltes.

WHISKEY AMERICANO

A maioria dos whiskeys americanos é elaborada a partir de uma mistura (mashbill) de três cereais: milho, centeio e cevada preparada (malte), em uma composição chamada de regra de três. O cereal principal representa no mínimo 51% da mistura, como o milho, para bourbon, e o centeio, para o rye whiskey. O whiskey cujo cereal predominante é o milho, representando mais de 80% da mistura, é chamado de corn whiskey. Os outros cereais que também compõem o whiskey são chamados de *pequenos grãos*. É a proporção de pequenos grãos que determina, em parte, o caráter do futuro whiskey. Quanto maior a quantidade de grãos, mais o whiskey será rico e aromático.

O destilado "made in USA" tem atualmente duas principais variantes: o bourbon (do Kentucky) e o tennessee.

O bourbon precisa ter no mínimo 51% de milho na composição, ser maturado em barris de carvalho americano virgem e pode ter um mix de destilados maturados durante diferentes períodos. Seguindo essas regras e técnicas, fica com notas de baunilha, caramelo, coco e especiarias.

Já o tennessee é praticamente sinônimo de Jack Daniel's. O método de produção é idêntico ao do bourbon, mas, antes de ser colocado para maturação, ele passa por um processo de filtragem em uma espécie de melaço, que adiciona um sabor ainda mais adocicado.

PROCESSO DE PRODUÇÃO

O Kentucky possui importantes reservas de água, de grande pureza, e tem baixo teor de ferro, graças a uma filtragem natural por meio de sedimentos calcários. Essas condições reforçam o caráter suave do bourbon. A água intervém igualmente na *brassage*. Durante essa etapa, o milho, esmagado numa farinha grosseira, é cozido sob pressão num tanque de aço inoxidável preenchido até a metade com água, a fim de liberar o amido que contém. Quando a temperatura do mosto retorna a 70 °C, os pequenos grãos são incorporados ao tanque de *brassage*. Por último, a água facilita a ação das leveduras durante a fermentação, permitindo ao Bourbon adquirir sabores frutados (cítricos) e florais. O mosto é chamado de *distiller's beer* (cerveja do destilado) e é misturado ao backset ou resíduo ácido, que fica na base do destilado de cerveja gerada da destilação anterior. Isso aumenta a acidez do mosto, conhecido como *sour mash* (mosto ácido), e ajuda a prevenir o surgimento de bactérias e a aumentar a consistência entre os lotes.

Le white dog, como é chamado o destilado, resulta de uma dupla destilação: a primeira, em colunas destilatórias (patent ou coffey); e, depois, num alambique de cobre stillhouse, batizado de doubler ou thumper. Este último é chamado de doubler (duplicado) porque realiza a segunda destilação ou thumper (batedor) em razão do ruído que faz.

O coração, ou seja, a parte que se utiliza na produção, é retirado entre 80% e 60% de graduação alcoólica (não pode começar a ser destilado com mais de 80% de álcool). Antes e depois do "coração" estão a "cabeça" e a "cauda", ambas desprezadas no processo de destilação, por trazerem impurezas. Quanto mais baixo o grau, mais o whiskey é marcado por aromas ligados aos cereais e à fermentação. Quando a graduação alcoólica aproxima-se de 80%, o whiskey extraído terá mais taninos e notas açucaradas de baunilha do barril.

O whiskey do Tennessee diferencia-se pela técnica do "amaciamento" no carvão. Esse método de filtragem, por meio de uma camada de três metros de carvão de madeira, ocorre antes da colocação nos barris e prolonga-se por uma até uma semana. O carvão dá ao whiskey notas sutis de fumo e de madeira queimada, de modo a eliminar certas partículas oleosas. Os whiskeys do Tennessee revelam-se, assim, mais suaves do que os outros. O processo é chamado pelos locais de *The extra blessing*, a bênção adicional.

A etapa do envelhecimento é determinante no caráter do futuro whiskey. As destilarias têm por obrigação empregar barris de carvalho branco (*Quercus alba*), novos e pequenos (180 litros). Esse barril sofre, antes da utilização, o *charring* (tosta), método que consiste em queimar seu interior a fim de produzir uma fina camada caramelizada que forra o interior do barril e permite um melhor aproveitamento do estágio em madeira. Existem quatro graus de *charring*. Quanto mais elevada é a tosta do barril, maior a influência da madeira sobre o whiskey. Todas as características, combinadas com temperaturas extremamente altas no verão, favorecem uma maturação rápida e adicionam ao produto notas de baunilha e de caramelo, bem como uma cor âmbar natural (a lei americana proíbe a adição de caramelo), a marca de fábrica do whiskey americano.

Cachaça

O processo de produção da cachaça artesanal é caro e detalhado. Apesar de feita exclusivamente do caldo de cana, sem a adição de produtos químicos, cada cachaça carrega características de seu produtor, o alambiqueiro. Os detalhes estão distribuídos pelo processo, desde a escolha do tipo e colheita da cana até o engarrafamento.

PROCESSO DE PRODUÇÃO

A cana é colhida manualmente e não é queimada, porque a prática precipita sua deterioração. As cinco espécies mais utilizadas são selecionadas por várias razões, incluindo teor de açúcar e a facilidade de fermentação do caldo.

Depois de cortada, a cana madura, fresca e limpa deve ser moída em um prazo máximo de 36 horas. As moendas separam o caldo do bagaço, que será usado para aquecer as fornalhas do alambique. O caldo da cana é decantado e filtrado para, em seguida, ser preparado com a adição de nutrientes e levado às dornas de fermentação. Algumas moendas são movidas por motor elétrico; outras, por rodas d'água.

A cachaça artesanal não permite o uso de aditivos químicos.

A água, o fubá de milho e o farelo de arroz são adicionados ao caldo da cana para transformá-lo em vinho com graduação alcoólica, a partir da ação das leveduras. A sala de fermentação precisa ser arejada e condicionada com temperatura ambiente a 25 °C. As dornas nas quais a mistura fica por cerca de 24 horas podem ser de madeira, aço inox, plástico ou cimento.

O mosto fermentado também é denominado vinho, que possui baixa concentração alcoólica e componentes nocivos à saúde, como aldeídos, ácidos, bagaços e bactérias. A destilação do vinho de cana ocorre em alambique de cobre, produzindo vapores que são condensados por resfriamento e apresentam assim grande quantidade de álcool etílico.

A cabeça da destilação da cachaça, resultado da fase inicial da destilação, é rica em substâncias mais voláteis do que o etanol, não recomendadas para o consumo, sendo portanto descartada. Na prática, corresponde de 5% a 10% do total destilado. A cachaça do coração, a segunda fração destilada, é a cachaça propriamente dita, ou seja, aquela de qualidade elevada. Essa fração corresponde de 75% a 85% do total do produto destilado. A cachaça de cauda ou "água fraca" apresenta um maior teor de substâncias menos voláteis e indesejáveis, e também é descartada.

Após a destilação, a cachaça passa por filtração.

O envelhecimento, feito preferencialmente em barris de madeira, é a etapa final da elaboração da cachaça artesanal e aprimora a qualidade da bebida.

Existem madeiras neutras, como o jequitibá e o amendoim, que não alteram a cor da cachaça. As que conferem ao destilado um tom amarelado e mudam seu aroma são o carvalho, a umburana, o cedro e o bálsamo, entre outras. Cada uma dá um toque especial, deixando a cachaça mais ou menos suave, adocicada e/ou perfumada, dependendo do tempo de envelhecimento.

Tequila

É uma bebida alcoólica destilada feita de agave-azul, com um conteúdo alcoólico de 38% a 40%.

Pelas leis mexicanas, a tequila pode ser produzida apenas no estado de Jalisco e em regiões limitadas de Guanajuato, Michoacán, Nayarit e Tamaulipas, que dão origem às diferentes DOs da tequila.

O solo vulcânico vermelho da região é propício ao desenvolvimento do agave-azul, que cresce de modo distinto, de acordo com a região. Quando plantado em áreas altas, o agave-azul é maior e mais doce em aroma e sabor; em áreas mais baixas, tem sabor e fragrância mais herbáceos.

PROCESSO DE PRODUÇÃO

O maguey é uma planta da família das agaváceas. Os nativos das zonas onde se cultiva o maguey ainda o chamam de mezcal, nome da planta e da bebida feita com qualquer tipo de agave, não apenas o agave--azul. Essa planta só se desenvolve em terrenos de solo vulcânico e clima árido, e precisa de oito a doze anos de idade para estar pronta para

produzir tequila. E atenção: não se trata de um cactus.

São necessários sete quilos de agave para produção de um litro de tequila.

A produção se inicia assando as "piñas" (o coração da planta, cercado das folhas pontudas) do agave-azul por mais de quarenta e oito horas. As piñas do mezcal são tradicionalmente assadas em fornos ou covas na terra, adquirindo assim um sabor defumado pronunciado. Depois elas esfriam por mais quatorze horas antes de serem retiradas dos fornos, para converter as fibras em açúcar fermentável (frutose).

Depois dessa etapa, são moídas para extração de todo açúcar e o resultado é um líquido chamado aguamiel, ao qual se adiciona levedura para fermentação. Os produtores acreditam que fermentações mais prolongadas e leveduras selvagens provem tequilas de qualidade superior.

O resultado é um vinho de agave que possui de 10% a 12% de teor alcoólico.

O vinho deve ser destilado duas vezes, descartando seu início e fim para adquirir o melhor da destilação.

VARIEDADES

A bebida apresenta diferentes graus de cor, sabor e aroma conforme o tempo de envelhecimento, sendo designada em ordem crescente do tempo de maturação.

» **Blanco (branco) ou plata (prata)**. Engarrafada imediatamente ou em até dois meses de maturação em barris de aço inoxidável ou carvalho neutro. Pode ser muito penetrante, com notas de especiarias, herbáceas e apimentadas. É o tipo mais produzido.

» **Joven (jovem) ou oro (ouro)**. Engarrafada imediatamente ou em até dois meses de maturação em barris de aço inoxidável ou carvalho neutro. Caramelo e aditivos são usados para modificar a cor e suavizar o sabor. Normalmente destinada à exportação.

» **Reposado (descansado)**. Engarrafada entre dois meses e um ano de maturação em barris de carvalho de qualquer tamanho, normalmente utilizados para estágio de bourbon, adquirindo um tom dourado pálido e retendo o caráter do agave.

» **Añejo (velho)**. Envelhecimento de no mínimo um a três anos, em barris de carvalho de no máximo 600 litros. Pode apresentar textura mais rica, mais equilíbrio e notas de baunilha e especiarias.

» **Extra añejo (extravelho)**. Envelhecimento de no mínimo três anos, em barris de carvalho de no máximo 600 litros. Considerado de qualidade superior.

Cognac

Trata-se de uma aguardente vínica, produzida na região de Cognac, ao norte de Bourdeaux, atravessada pelo rio Charente, cujo vinho tem características próprias em razão do terreno saibroso e sem calcário que, somado ao sol e à umidade, lhe confere uma personalidade que o distingue e o torna muito apreciado no mundo todo. A aguardente é obtida do vinho proveniente da zona de Gers, de Landes, de Lot e de Garonne (Guascogna).

PROCESSO DE PRODUÇÃO

A região produtora é dividida em seis *crus*: Grande Champagne, Petite Champagne, Borderies, Fins Bois, Bons Bois e Bois Ordinaires et Communs. Cada um deles tem sua característica de vinho, que, por sua vez, é transmitida ao seu cognac correspondente.

95% do vinhedo da região é de uma variedade vigorosa, produtiva e de maturação tardia, produzindo vinhos com alta acidez e baixo teor alcoólico, a ugni blanc. Além da ugni blanc, utilizam-se as variedades colombard e folle blanche, também uvas brancas.

A fermentação é realizada em dornas por três semanas. Nessa fase são produzidos os principais constituintes de aroma do destilado.

O nível baixo de álcool produzido na fermentação faz com que seja necessário concentrá-lo cerca de sete vezes para atingir o nível de álcool requerido no destilado final. A destilação é realizada em duas fases (dupla destilação). Na primeira fase, o destilado é dividido em três frações: cabeça, coração e cauda. O resultado é chamado de *brouillis*. Na segunda fase, o coração é destilado novamente para produzir um destilado final com menos de 72% de álcool. Se a cabeça e a cauda são igualmente redestiladas, o produto final é mais neutro. O único alambique permitido é de cobre, chamado "charentais". Na França, por lei, todos os vinhos devem ser destilados até março. Essa urgência tem como objetivo não permitir a oxidação do vinho.

Alguns produtores utilizam aquecedor de vinho, o *chauffe vin*, para preaquecê-lo antes da destilação, economizando energia nesse processo.

O destilado é colocado em tonéis novos de carvalho por no

mínimo dois anos. No início costumam ficar em barris mais novos, onde adquirem sabor e estrutura, e depois são transferidos para tonéis mais velhos, para evitar o aparecimento de notas amargas.

Finalmente ocorre a mistura de diversos "cognac" em amostras de pequeno volume, e a mistura selecionada é produzida em escala para venda.

ROTULAGEM

A lei requer que o rótulo indique a idade da mistura mais nova, mas não a da mais antiga. Deste modo, um X.O. (extra old) pode ter um componente de vinte, trinta ou quarenta anos. O melhor indicador, depois da idade e da qualidade do cognac, é o preço.

No rótulo do cognac aparecem diferentes siglas relacionadas ao estágio de envelhecimento da bebida (tempo de passagem ou de barril):

» **Cognac**. Pelo menos 24 meses.

» *** **V.S. (very special)**. O cognac mais novo do lote tem no mínimo 2 anos.

» **V.S.O.P. (very superior old pale)**. O cognac mais novo do lote tem no mínimo 4 anos.

» **X.O. (extra old), Hors d'âge e Napoléon**. O cognac mais novo do lote tem no mínimo 6 anos.

» **Vintage (millésime)**. Edições limitadas que identificam o ano do cognac, pois normalmente os produtos são elaborados em diferentes lotes, sendo raros os elaborados de uma safra só.

» **Nome da região**. Significa que o cognac foi destilado de vinhos elaborados exclusivamente nesta região.

UM POUCO DE HISTÓRIA...

Em virtude das características da uva e do tipo de solo calcário em que a parreira era plantada, o vinho produzido na região de Cognac não aguentava ser transportado por longo período, transformando-se em vinagre.

A fim de transportar e/ou reaproveitar este vinho de baixa graduação alcoólica, os vitivinicultores começaram a destilar e a envelhecer o vinho para que tivesse mais resistência.

Armagnac

A região de Armagnac fica ao sul de Bordeaux e seus vinhedos se localizam em três áreas: Bas-Armagnac, Ténarèze e Haut-Armagnac, sendo Bas-Armagnac responsável por 65% da produção total, com destilados considerados mais elegantes. A produção de armagnac é muito menor do que a de cognac, por isso muitos pequenos produtores utilizam destilados ambulantes (pequenos carrinhos com destiladores).

Das castas autorizadas, a ugni blanc representa 50% do total de produção e a baco 22A (trata-se de um híbrido), 40%.

PROCESSO DE PRODUÇÃO

Na França, em Armagnac, os vinhos são destilados uma só vez, o mais cedo possível (em março), em uma única coluna de destilação, chamada de *armagnacais*. O produto da destilação deve ser recolhido quando apresentar entre 52% e 72% de álcool. Além disso, a cabeça é conservada, o que faz com que o álcool nos armagnacs jovens não esteja ainda muito bem integrado.

O destilado passa por estágio em tonéis de carvalho francês, seguindo um processo muito semelhante ao do cognac.

ROTULAGEM

No rótulo do armagnac também constam siglas referentes ao tempo de barril da bebida:

» ***** V.S. (very special).** De 1 a 3 anos.

» **V.S.O.P. (very special old pale)**. De 4 a 9 anos.

» **Napoléon**. De 6 a 9 anos.

» **Hors d'âge**. De 10 a 19 anos.

» **X.O. premium**. Mais de 20 anos.

» **Indicação de idade.**

» **Indicação de safra (vintage)**. Deverá ter pelo menos 10 anos e ser da mesma safra.

Brandy

Além do cognac e do armagnac, existem outras aguardentes vínicas destiladas do vinho, produzidas em diferentes países do mundo:

» **Espanha**. Os brandies podem ser Reserva, envelhecidos por no mínimo 1 ano, e Gran Reserva, envelhecidos por no mínimo 3 anos. Seus vinhos base são da região de La Macha, destilados em Jerez e Penedés.

» **Chile e Peru**. Pisco.

» **México**. Destilado do excedente de vinho, comprado no mercado internacional. É muito popular, e a maior marca de brandy do mundo é a Presidente.

» **África do Sul**. Brandies compostos por 30% de destilado e envelhecidos por no mínimo 3 anos.

Existem também os brandies elaborados a partir do bagaço, resíduo formado por peles, grainhas e polpas, após a prensagem das uvas. Alguns dos mais conhecidos mundo afora são:

» **Portugal**. Bagaceira.

» **Itália**. Grappa.

» **França**. Eau-de-vie de marc, sendo o de Bourgogne especialmente conhecido. É envelhecido em madeira, ao contrário da maioria das outras variedades existentes.

Calvados

Tem o mesmo nome que um barco espanhol que afundou em 1588 nas costas normandas. Um velho calvados se degusta como um cognac. Por vezes, mistura-se com o café. De acordo com um velho costume normando, bebe-se parte do copo no meio da refeição, e o restante no final.

O calvados é uma aguardente de dupla destilação de cidra, com aproximadamente 40% de álcool, envelhecida por no mínimo três anos em barris de Limousin, em caves de 12 °C a 14 °C, que agregam estrutura, taninos e sabor à sidra, além de notas de baunilha, canela e café. São necessárias 2,5 toneladas de maçã para produzir 100 litros de álcool puro.

POMMEAU

Um brandy misturado a suco de maçã não fermentado, chegando a 15% ou 20% de álcool, e envelhecido por no mínimo 14 meses. É servido fresco como aperitivo ou digestivo. O pommeau combina a personalidade do calvados com o frescor do suco de maçã.

REGULAMENTAÇÃO

Um decreto de 1942 que vigora na França precisa a demarcação da área de produção, cada apelação e o tipo de destilação a ser utilizado nos critérios de degustação.

■ APELAÇÃO DE ORIGEM CONTROLADA (AOC)

» **Calvados Domfrontais**.
  Elaborado com destilados de
  maçãs e de peras. Comum no
  sudeste da Normandia.

» **Calvados do Pays-d'Auge**.
  A variedade mais refinada,
  que deve ser elaborada
  apenas com ingredientes
  dessa famosa região
  produtora de sidra na
  França. A bebida precisa
  ser destilada dentro de
  alambiques de repasse.

Eau-de-vie

Eau-de-vie (literalmente *água da vida*) é um destilado de frutas claro e incolor, produzido por meio de fermentação e de dupla destilação. O sabor da fruta é tipicamente muito leve.

Nos países de língua inglesa, o eau-de-vie refere-se a um destilado feito a partir de qualquer fruta que não seja a uva. Embora *eau-de-vie* seja um termo francês, bebidas semelhantes são produzidas em outros países.

PROCESSO DE PRODUÇÃO

O aroma das eaux de frutas depende muito da qualidade das frutas utilizadas. As regiões produtoras de frutas na Europa (Alsácia, Suíça, Alemanha, Romênia e Hungria) e as do leste da França (Lorraine, Franche-Comté e do vale do Rhône) têm papel destacado na elaboração das eaux.

DESTILAÇÃO E FERMENTAÇÃO PARA FRUTAS DE CAROÇO E PERAS

As frutas são colocadas em barris e formam um mosto espesso e doce, depois de um a dois dias de fermentação, sob a ação de leveduras naturais. Cerca de dez dias depois, a maior parte do açúcar das frutas está transformado. A fermentação continua por quatro a seis semanas.

Depois, ocorre a destilação dupla. A primeira extrai uma pequena quantidade de água. A segunda destilação permite recolher o coração.

DESTILAÇÃO DEPOIS DA MACERAÇÃO PARA AS FRUTAS PEQUENAS

As pequenas frutas são maceradas em tonéis de vinho. Essa maceração dura um mês, seguindo a proporção de 25 litros de eau-de-vie a 50 gramas por 100 quilos de frutas. A mistura é destilada em uma só vez logo em seguida.

As aguardentes são estocadas em caves ou sob telhados.

A temperatura entre o verão e o inverno é importante, pois permitirá a eliminação dos ésteres – parte mais volátil e menos desejável do álcool.

VARIEDADES

FRAMBOISE

São necessários 8 quilos de frutas para obter 1 litro de eau-de-vie 100% pura.

As frutas são maceradas durante um mês em um álcool de vinho. O importante é que esse álcool seja de boa qualidade e neutro, para não transformar o aroma natural das framboesas. A framboise é cara e pode ser degustada jovem.

KIRSCH

São utilizadas 18 quilos de frutas para fazer um litro de eau-de-vie 50% pura. As melhores cerejas são as do tipo guignes: escuras, bastante doces e com caroços pequenos. Elas são encontradas na França (Alsácia), Portugal (Beira Alta) e Alemanha (Floresta Negra). Depois de colhidas, são esmagadas e colocadas dentro de barris, onde permanecem de quatro a cinco semanas. Os caroços permanecem inteiros e transmitem notas de amêndoas antes da destilação.

MIRABELLE

São necessários 18 quilos de frutas para fazer 1 litro de aguardente 100% pura.

Essas frutas são pequenas ameixas amarelo-escuras, doces e perfumadas. A mirabelle é destilada em Lorraine e na Alsácia. A mirabelle de Metz, pequena, é a melhor para se destilar. A de Nancy, um pouco maior, serve para conserva.

O processo de elaboração é idêntico ao da kirsch; a única diferença é que a fermentação é feita a baixa temperatura, ficando muito doce ao sair do alambique, e pode ser degustada mais rapidamente que o kirsch.

POIRE WILLIAMS

São necessários 28 quilos de frutas para obter 1 litro de aguardente 100% pura.

A poire Williams representa hoje 40% do mercado das eaux--de-vie de frutas. O princípio da elaboração é igual ao do kirsch; depois de fermentado, o mosto é destilado a uma temperatura relativamente baixa, a fim de conservar seu perfume específico, sendo depois estocado por um tempo determinado, que varia segundo a origem do fruto.

WILLIAMINE

Esta eau-de-vie mundialmente conhecida é um produto da destilação de poires Williams com origem em Valais. São utilizados 12,5 a 13 quilos de poires Williams por litro de Wílliamine. A garrafa de Williamine. leva um rótulo de qualidade e de autenticidade, numerado pelo estado de Valais. O produto é exclusivo da destilaria Morand.

Além disso, encontramos na Alemanha a schnapps; nos balcãs, a rakija; na Turquia, a raký e, na Hungria, a pálinka.

Aperitivos à base de álcool (bitters)

São bebidas à base de álcool neutro destilado, na competência do seu grau de amargor, e aromatizadas com substâncias vegetais: os amargos (bitter), os anises e os gentianes. Têm, em geral, de 18% a 45% de álcool.

A palavra *bitter* significa amargo em inglês e em alemão. Os bitters são, portanto, bebidas espirituosas aromatizadas com vegetais amargos (cascas e plantas). De origem medicinal, os bitters são herança direta das preparações boticárias (elixires e bálsamos) de países como a França (Córsega), a Itália (Sardenha e Sicília), a Espanha, a Inglaterra e a Alemanha, que os consumiam principalmente como digestivos.

Algumas categorias diversas de amargos são: claros, vermelhos, obtidos por caramelo, sem álcool e concentrados.

Degustação como aperitivos: com gelo, tipos de água e sucos; digestivo: em temperatura natural e frescos; e em coquetéis.

Os mais conhecidos são o campari, o aperol, o cynar, o angostura, o underberg e o fernet.

Eles têm um papel importante na coquetelaria, porque seu leve amargor mesclado a outras bebidas produz coquetéis inovadores ou clássicos, como o americano, o negroni, o garibaldi, o manhattan, etc.

Aperitivos à base de vinho

São bebidas elaboradas à base de vinhos tintos ou brancos, aromatizadas com plantas, resinas, flores e cascas, etc. Suas infusões devem ser completadas com álcool neutro, açúcar ou caramelo. Os aperitivos à base de vinho tendem a ter 16% de álcool e se dividem em duas categorias: quininos e vermutes.

QUININOS

A quinina é um arbusto originário da América do Sul (Peru, Bolívia, Equador), parente do pé de café. É conhecida há séculos por suas propriedades medicinais. Em 1820, dois alquimistas franceses, Pelletier e Caventou, separaram a quinina das cascas, que se transformou em remédio contra a malária.

De sabor amargo declarado, os extratos das cascas estimulam também as glândulas salivares, atuando como digestivo.

Alguns dos mais conhecidos são Dubonnet e St. Raphaël.

VERMUTES

Sua origem é muito antiga, porém somente a partir do século XVII, em Piemonte, na Itália, é que se desenvolveu a indústria dos vermutes.

Os vermutes são aperitivos à base de vinhos, obtidos a partir de vinhos brancos adicionados de açúcar e álcool neutro, aromatizados por uma infusão de plantas aromáticas nobres. Dividem-se em duas classes:

» **Os italianos**. Produzidos na região de Turim. São doces, de cor dourada e elaborados à base de mistelas e de vinhos provenientes das planícies meridionais.

» **Os franceses**. Produzidos na região de Sete, Thuir e Chambéry. São secos ou muito secos, de cor dourada e elaborados à base de vinhos brancos secos (80%) das cepas bourret, clairette, picpoul.

Alguns dos mais conhecidos são Carpano, Punt e Mes, Cinzano, Martini & Rossi e Noilly Pratt.

Licor

Os licores são também conhecidos como cordiais, pois inicialmente eram recomendados para os males do coração.

São bebidas alcoólicas aromatizadas obtidas por maceração, infusão ou destilação de diversas substâncias vegetais naturais, com álcool destilado aromatizado, por adição de extratos, essências e aromas autorizados por combinação de colorações, e muito açúcar.

Apresentando mais de 15% de álcool, os licores são feitos à base de diferentes composições de gosto e de cores, oferecendo ao bartender um grande leque de opções, fonte permanente de criatividade.

PROCESSO DE PRODUÇÃO

Essencialmente, os licores são elaborados considerando-se as seguintes fases:

» **Colheita**. As frutas são colhidas para se tirar mais proveito de seus perfumes. Os vegetais são selecionados nos períodos de floração ou maturação.

» **Maceração**. As frutas são esmagadas, colocadas dentro de barris de madeira com o álcool escolhido. A mistura é feita e fica um mês em maceração.

» **Infusão**. Com o término da maceração, todo o líquido é cuidadosamente filtrado.

» **Destilação**. Seleção do coração do destilado.

» **Preparação do licor**. O mestre licoreiro realiza a mistura das várias infusões, adoça, filtra e envelhece o produto conforme a receita, que é o segredo de cada casa.

VARIEDADES

LICORES DE FRUTAS

As frutas são colocadas em maceração por vários meses dentro de tonéis repletos de álcool para obter uma infusão.

LICORES DE PLANTAS, GRÃOS E CASCAS

Plantas, grãos, raízes e cascas são destilados em alambiques particulares dos licoreiros, em presença de eau-de-vie controlada, a fim de se obterem os espíritos.

DEGUSTAÇÃO

No quadro 4, dispomos o nome genérico de garrafa dos licores mais conhecidos, suas composições e seus respectivos usos e funções.

Quadro 4. Licores: composição, usos e funções

Apelação	%GL	Composição	Degustação
Apricot	24	Álcool, açúcar e apricot	2, 3, 6
Apricot brandy	24	Eau-de-vie de apricot e açúcar	2, 3, 6
Amaretto	25	Amêndoas de caroços do apricot e caramelo (Itália)	3, 5, 6
Cassis	20	Álcool, açúcar e bagas de cassis (Borgonha)	2, 3, 4, 5, 6
Cherry, Peter Heering, licor de cereja (Dinamarca)	20	Álcool, cerejas e açúcar	2, 3, 5, 6
Cherry brandy	25	Eau-de-vie de cerejas e açúcar	2, 3, 5, 6
Chocolate branco	25	À base de favas de cacau	4, 6
Chocolate escuro	20	Favas de cacau torradas	4, 6
Coconut	21	Álcool, açúcar e coco	3, 5, 6
Cointreau (Angers)	40	Álcool, açúcar e espécies de laranjas doces e amargas	2, 4, 5, 6
Curaçao Blue	35	Licor, gosto de laranjas e cor E131	2, 4, 5, 6
Curaçao Orange	25	Laranjas das ilhas de Curaçao (Antilhas)	4, 5, 6
Fraise	20	Infusão de morangos	2, 3, 6
Fraise des Bois	20	Vários tipos de morangos silvestres	2, 3
Framboesa	20	Infusão de framboesas	2, 3, 6
Frangelico (Itália)	20	Álcool, mel e avelã (Piemonte)	2, 3, 6
Grand Marnier Jaune	40	Marc e laranjas mais doces	2, 5, 6

(cont.)

Apelação	%GL	Composição	Degustação
Grand Marnier Rouge	40	Cognac e laranjas amargas	2, 5, 6
Kiwi	20	Álcool, kiwi e frutas exóticas	4, 5, 6
Licor Beirão (Portugal)	22	Plantas, especiarias e sementes maceradas e destiladas (Lousã)	2, 5, 6
Licor de melão	24	Gosto de melão feito por infusão e açúcar	2, 4, 5, 6
Mandarina	38	Álcool, mandarina (tangerina) e açúcar	2, 3, 5, 6
Mandarina Imperial (Bélgica)	38	Cognacs velhos, mandarinas de Andaluzia	2, 3, 5, 6
Maraschino	26	À base de cerejas amargas (marascas) (Itália)	3, 5, 6
Passoã	20	Álcool, açúcar, maracujá e limão	4, 5, 6
Peach	30	Spirit e pêssego	2, 3, 6
Pisang Ambon	21	Bananas-verdes e flores (Indonésia)	4, 5, 6
Poire Williams	30	Gosto de pera	2, 3, 6
Safari	20	Manga, papaia, maracujá e citron	4, 5, 6
Soho	24	Licor transparente à base de lichia	4, 5, 6
Triple Sec	39	Licor incolor e spirits de laranjas amargas	2, 3, 5, 6

Licores e cremes de plantas e frutas	%GL	Composição	Degustação
Bénédictine	40	Álcool, plantas, raízes, cascas amarelo-esverdeadas	2, 3, 6
Café	25	À base de café torrado	2, 6
Chartreuse Jaune	55	Maceração de 130 ervas, destilação, mel e açúcar	2, 4, 6
Chartreuse Vert	55	Maceração de 130 ervas, destilação, mel e açúcar	2, 4, 6
Kahlua	26	Licor de café (México)	3, 6
Marie Brizard	25	Anisete à base de grãos de anis-verde de Andaluzia, frutas, plantas e citrinos	4, 6
Menta	21	Licor de menta	4, 5, 6
Nocello	28	Álcool, açúcar e nozes	2, 4, 6

Licores diversos	%GL	Composição	Degustação
Baileys	16	Creme fresco, whiskey, cacau e baunilha	3
Cordial	16	Álcool, frutas ou substâncias aromáticas e açúcar	3
Carolans	17	Creme fresco, mel e whiskey	3
Pimm's n. 1	25	Parente do cordial e do gin	1, 4, 5, 6
Pimm's n. 2	25	Parente do cordial e do whisky	1, 4, 5, 6

Na coluna Degustação, os números de 1 a 6 correspondem à forma como os licores podem ser servidos, ficando a escolha a critério de cada profissional ou do cliente: 1. aperitivo com gelo. 2. digestivo em temperatura ambiente. 3. digestivo com gelo. 4. digestivo com gelo frapê. 5. long drink com gelo, água ou com sucos de frutas. 6. coquetéis.

PARTE III
Coquetelaria

A história da coquetelaria

■ A ORIGEM DA PALAVRA *COCKTAIL*

A expressão inglesa *cocktail* traduz-se literalmente como "rabo de galo".

Já a utilização da palavra para designar uma mescla de ingredientes para formar uma bebida tem origens controversas.

ORIGEM 1
Do inglês popular do século XVIII, *cocktail* significava "rabo retificado", designação dada aos cavalos que não eram de puro sangue.

ORIGEM 2
Diz-se que, nos Estados Unidos, em 1779, Betty Flanagan, proprietária da Old Tabern, criou uma mistura chamada bracer, bebida apresentada numa garrafa que tinha a forma de um rabo de galo. Seus clientes, soldados do Marquis de Lafayette (militar francês que lutou na Revolução Americana), misturados aos combatentes americanos, apreciavam a bebida, porém, sem conhecer muito a língua inglesa, pediam-na pela forma da garrafa.

ORIGEM 3
Considerando o aspecto etimológico, *cocktail* é formada pelas palavras inglesas cock

e tail – respectivamente, galo e rabo.

O termo cock vem do francês coq, que tem origem onomatopeica (palavra que imita um som) no canto do galo, o popular cocorocó. Tail deriva do antigo inglês taegel, o qual por sua vez procede do primitivo germânico tagal, no sentido de "cabeleira". Com o tempo, tagal englobou também a ideia de rabo, como no radical indo-germânico que significa "luz", que sobrevive no alemão moderno traduzido como "dia".

Teriam alguns entusiasmados pensado no cocktail como algo para ajudar no raiar do dia? Afinal, a utilização do álcool no combate a enfermidades era muito comum na Antiguidade até o começo do século XX, quando a ciência foi finalmente capaz de produzir medicamentos como conhecemos hoje.

QUEM FORAM OS PRIMEIROS BARTENDERS?

Os gauleses que consumiam vinho adicionado de mel inventaram o hidromel, e podem ser considerados como barmen pioneiros.

Os piratas do Caribe maceravam raízes no seu rum e o bebiam com voracidade.

Os índios mineiros da cordilheira dos Andes esmagavam pó de dinamite em sua aguardente, uma mistura verdadeiramente explosiva.

As primeiras receitas de coquetel parecem provir da Inglaterra do século XVII. Teriam nascido na época do reinado da rainha Vitória e do império colonial britânico. Bebiam o claret cup, elaborado com bordeaux ou sherry cobbler, à base de jerez. Os locais onde eram servidas essas misturas começaram a oferecer troféus, originalmente prêmios ganhos de competições desportivas realizadas nesses mesmos lugares. Muitos desses coquetéis criados no fim do século levam nomes famosos até hoje: cobblers, coolers, crustas, cups, daisies (margaritas), fixes, flips, juleps, nogs, possets, punches (ponches), sangarees, slings, smashes.

No início do século XX, a América mistura o álcool adulterado da Lei Seca com sucos de frutas, para mascarar o gosto e enganar a polícia. Mas é em 1933, ano da abolição da Lei Seca nos EUA, que os coquetéis explodem na América, na Europa e na Ásia, com a criação famosa do singapore sling, do bloody mary, do stinger e do gin fizz. A era de ouro dos coquetéis foi o momento em que os americanos aprenderam a amar as bebidas misturadas.

Toulouse-Lautrec, famoso pintor do fim século XX, foi um dos primeiros leigos a tentar misturas que se qualificariam hoje como *atômicas*. Amigos reuniam-se em seu ateliê parisiense para provar os preparos. Obviamente, nenhuma regra era respeitada, o que resultava em produtos desastrosos e muitas memórias.

O primeiro guia de bartenders foi escrito em 1862, por Jerry Thomas, que é considerado o pai da mixologia americana. Seu coquetel autoral era o blue blazer, no qual ele colocava fogo e o transferia entre dois copos para criar um arco em chamas.

A história da coquetelaria é dividida em cinco fases:

» **1ª fase (de 1806 a 1910)**. Primeira menção à palavra coquetel foi feita no jornal nova-iorquino *The Balance and Columbian Repository*, em 13 de maio de 1806, data em que se comemora o Dia Mundial do Coquetel.

» **2ª fase (de 1910 a 1940)**. Marcada pela Lei Seca, pela Belle Époque, pelo cinema e pela fotografia.

» **3ª fase (de 1940 a 1970)**. Período em que a coquetelaria se torna global. Hollywood propaga o estilo americano pelo mundo e se inicia a era das Associações de Bartenders. A coquetelaria caribenha se torna conhecida.

» **4ª fase (de 1970 a 2000).** O rádio e a tevê se tornam influentes. Ocorre a multiplicação das associações. A logística dos produtos aumenta.

» **5ª fase (a partir de 2000)**. Tendência de procura do terroir. Surgimento do conceito de mixologia.

Mixologia: a arte da mistura

Mixologia é o estudo da história, das técnicas e das combinações de ingredientes aplicados à coquetelaria.

O mixologista (profissional que estuda e aplica a mixologia) não se contenta somente em reproduzir uma receita: sempre respeitando o histórico e a tradição dos coquetéis, ele investiga a receita, analisa as técnicas e pensa nas combinações dos ingredientes, executando com excelência os coquetéis já existentes e criando novas receitas.

Para exemplificar, uma fruta não precisa ser utilizada somente como suco em um coquetel; o mixologista pode explorar várias formas de extrair melhor o sabor e características dela.

Além do suco, pode-se utilizar essa fruta sob a forma de infusão, de purê, de chá, de xarope e até de fumaça.

Além de explorar os diversos ingredientes, ele investiga o método de preparo, as bebidas, os copos, o gelo e a forma como o coquetel será servido ao cliente.

Com a mixologia, as bebidas passam a ser muito mais elaboradas. Entram em cena ingredientes exóticos vindos do outro lado do planeta e tecnologias recém-adotadas, herdadas especialmente da gastronomia. Os coquetéis são elaborados com sirope de hibisco, néctar de agave, concentrado de chá verde e sais defumados.

■ PRINCÍPIOS DA COQUETELARIA

A imaginação é a fonte de criação para um bom coquetel. Mas, da mesma maneira que na cozinha, existem utensílios específicos, regras estritas e certos rituais que devem ser respeitados.

A seguir, apresentamos algumas regras relacionadas à elaboração de coquetéis – a primeira e a segunda referem-se exclusivamente à coquetelaria clássica e não se aplicam à coquetelaria exótica e à mixologia.

1. ATENÇÃO ÀS MISTURAS

» Nunca misture os álcoois de diferentes grãos, como cerveja, whisky, etc.
» Nunca misture os álcoois de uva, como cognac, vinho, etc.
» Também não misture esses dois tipos de álcool, pois sua assimilação é muito difícil.
» Outras misturas mesclam-se muito naturalmente: rum e calvados, rum e gin, whisky e rum, etc.

2. NÃO MISTURE MUITOS INGREDIENTES

O coquetel deve ser formado por três, quatro ou cinco elementos, no máximo:

1. Uma bebida alcoólica (duas, no máximo).
2. Um licor.
3. Um suco.
4. Sirope para dar cor.

3. PREZE PELA QUALIDADE DOS INGREDIENTES

Utilize ingredientes de qualidade, destilados de boas marcas e, quando possível, sucos de frutas naturais. Se os ingredientes não são de boa qualidade, as características das composições podem ser alteradas. É necessário precisar que os produtos estejam em perfeito estado de conservação. Isso é válido também para a decoração.

Para os coquetéis quentes, aqueça os copos; refresque os copos para os gelados. Nunca encha demasiadamente os copos, nem exagere na decoração.

4. HARMONIA

A quantidade e a cor da decoração devem estar em perfeita harmonia com o estilo do coquetel. Harmonize as cores e utilize, para a decoração, os mesmos frutos dos sucos incluídos na elaboração do coquetel. Um pouco de imaginação e bom senso são essenciais para combinar os ingredientes.

5. ATENÇÃO ÀS BEBIDAS GASOSAS

Não bata nem misture as bebidas carbonatadas (água gaseificada, refrigerante, champagne, etc.) utilizadas como ingredientes. Primeiro misture as outras e, em seguida, as bebidas completas com as carbonatadas.

6. PREPARO E CONSUMO IMEDIATO

Não guarde por muito tempo o coquetel preparado. É necessário servi-lo logo após o preparo e consumi-lo nos minutos que seguem.

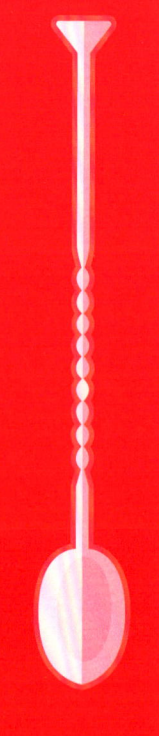

■ DOSAGEM

No dia a dia, são utilizados variados tipos de copo para o preparo de drinks, e podem ser indicadas diferentes dosagens em uma receita. A seguir, apresentamos os copos, as doses de mistura e sua equivalência nas unidades de medida mais utilizadas na coquetelaria.

Taça para água com haste	25 cl
Taça tulipa (cervejas bock, pilsen, etc.)	33 cl
Copo para medium drink	15 cl
Taça para coquetel (short drink)	12 cl
Copo fantasia (coquetéis de sucos de frutas)	30 cl
Copo tipo pera (coquetéis tropicais)	35 cl
Copo tumbler longo (sucos e/ou coquetéis)	30 cl
Taça de degustação ISO ou INAO	6 cl
Taça para Irish whiskey	25 cl
Taça Napoléon ou balloon (cognac e/ou rum envelhecido)	5 cl
Copo canudo para vodkas geladas	9 cl
Copo para eau-de-vie	19 cl
Copo old fashioned (caipirinha e/ou whisky caubói)	20 cl
Flûte para champagne	15 cl
Taça para vinho do porto em forma de tulipa	16 cl
Taça para vinho tinto	16 cl
Taça para vinho branco	16 cl
Copo tumbler curto	20 cl
Taça goblet	30 cl
Jarras	100 cl

Quadro 5. Copos clássicos de bar.

Figura 10. Tipos de copo:
1. Copo tumbler curto. 2. Taça flûte.
3. Taça Irish coffee. 4. Taça martini.
5. Copo tumbler longo.
6. Taça flûte ou Napoléon.
7. Copo shot. 8. Taça bourgogne
ou goblet. 9. Taça hurricane.
10. Copo old fashioned.
11. Copo bowl. 12. Taça tulipa.

São diversas as unidades de dosagem adotadas ao redor do mundo. Os exemplos mais comuns estão dispostos na tabela a seguir, assim como sua equivalência para outras unidades.

Unidades	ml	cl	dl
Mililitros (ml)	1	0,1	0,01
Centilitros (cl)	10	1	0,1
Decilitros (dl)	100	10	1

Tabela 1. Unidades de dosagem e equivalências.

Um profissional de bar (bartender) pode usar doses relativas em suas receitas, e não aquelas predefinidas, exceto nos drinks clássicos. Se forem usadas unidades proporcionais, o criador da bebida pode ficar tranquilo, pois o sabor da bebida misturada será satisfatório, e este é o objetivo final.

Hoje a IBA (International Bartenders Association) adota o cl como unidade padrão. Mas as doses podem ser culturais também – um exemplo: o famoso chorinho. Na tabela a seguir, listamos as doses de mistura mais comuns e suas equivalências, em centilitro (cl) e em *ounce* (oz).

Doses	cl	ounce (oz)
1 dash	0,08	0,027
1 colher de chá	0,5	0,165
1 pony	3	1
1 dose (jigger)	4,41	1,5
1 pint	50	17
1 oz	3	1
1 colher	1	0,375
1 mickey	39	13
1 miniatura	6	2
1 shot	3	1
1 cup	26	9
1 split	18	6
1 splash	0,4	0,125

Tabela 2. Doses de mistura (padrão).

TERMINOLOGIA

- » **On the rocks:** com cubos de gelo
- » **Soda out:** completar com club soda
- » **Straight up:** direto
- » **Virgin:** sem álcool
- » **Lance:** 1 splash, 1 chorine
- » **Slice:** fatia
- » **Neat:** sem gelo

Harmonização de ingredientes

Para escolher bem os ingredientes que serão usados em um coquetel, é preciso primeiro organizá-los em grupos, para em seguida analisar seus componentes, verificando a compatibilidade dos vários ingredientes de um mesmo grupo ou entre diferentes grupos.

A incompatibilidade deverá ser também considerada, para fugir de equívocos quando se criam novas misturas. Este é um cuidado essencial para a preparação de coquetéis perfeitos.

GRUPO 1. SUCOS DE FRUTAS (LARANJA, LIMÃO, LIMA, ABACAXI)

Neste grupo, o suco de laranja pode ser misturado com limão para fazer sour. Porém, o suco de laranja não deverá ser misturado com o suco de abacaxi, pois gera um sabor metalizado.

Esse grupo combina perfeitamente com destilados de zimbro (grupo 5) e com siropes (grupo 2). Serve para adocicar e colorir as misturas. Não combina bem com licores (grupo 8).

GRUPO 2. SIROPES

Os siropes são usados para adocicar e misturar sabores. Eles dão cor e aroma ao coquetel.

GRUPO 3. OVOS, LEITE E CREMES DE LEITE

É possível combinar os ingredientes desse grupo e fazer ótimas misturas, com exceção do creme de leite. Eggnog (leite e ovo) é um ótimo exemplo. Este grupo é perfeito para se combinar com cognac, vinhos licorosos (grupo 4), whisky (grupo 6) e rum (grupo 7).

GRUPO 4. VINHOS E DERIVADOS (COGNAC, BRANDY, ARMAGNAC, MARSALA, JEREZ, PORTO)

Neste grupo, os ingredientes também podem ser combinados entre si. É preciso particular atenção para a combinação de vinhos e derivados, como cognac, vinhos licorosos e bitters. Algumas combinações geram bons resultados, aplicando-se a certos tipos de licor e vinhos combinados (como cognac e vinhos espumantes). Misturas harmoniosas também podem ser criadas, combinando-se vinhos licorosos com gin (grupo 5), whisky e vodka (grupo 6), rum (grupo 7), bem como os licores (grupo 8). Porém, o cognac não deve ser misturado com vodka e whisky.

GRUPO 5. DESTILADOS DE ZIMBRO

Bebidas destiladas, com sabores de zimbro (gin, steinhäger e genebra), são perfeitas com cítricos, como suco de laranja, limão e lima (grupo 1).

Combinações com os produtos do grupo 4 também são ótimas, mas em misturas de cognacs devem ser evitados licores (grupo 8). São perfeitas as combinações dos ingredientes deste grupo com ovos e leite (grupo 3), mas devem ser evitadas misturas com whisky (grupo 6) e rum (grupo 7).

GRUPO 6. CEREAIS DESTILADOS (WHISKY, VODKA, AQUAVIT, ARAQUE)

Cereais destilados e licores (grupo 8) não combinam. Whisky é uma mistura perfeita com vermute, que, assim como a vodka, são ideais para combinações com os grupos 1 e 2. Whisky combina com o grupo 3, e é perfeito com vinhos licorosos e bitters

(grupo 4). As misturas com destilados de zimbro (grupo 5) e destilados de frutas (grupo 7) devem ser evitadas.

GRUPO 7. PLANTAS E FRUTAS DESTILADAS (RUM, CALVADOS, KIRSCH, TEQUILA, BARACK, FRAMBOESA)

Alguns desses destilados combinam perfeitamente com os grupos 1, 2 e 3 – por exemplo, rum com limão, laranja ou abacaxi. De certo modo, alguns tipos de rum jamaicano são ótimos para se misturar com leite. É difícil combinar rum com vinhos licorosos (grupo 4), e o mesmo vale para os licores (grupo 8) e bebidas destiladas do próprio grupo 7, por causa de seus sabores e aromas, e são também fortes demais para combinar com os outros grupos (5, 6 e 8).

GRUPO 8. LICORES

Pode-se dizer que este grupo combina perfeitamente com destilados de zimbro (grupo 5) e com siropes (grupo 2). Também soma sabores e se mistura com todos os outros grupos. Pode haver problemas ao se combinarem diferentes licores – do ponto de vista técnico, não convém misturá-los. Os componentes deste grupo são usados em pequenas quantidades, para dar gosto, adocicar e colorir quase todos os ingredientes dos outros grupos.

Preparo e apresentação de coquetéis

Um coquetel pode ser elaborado de diferentes maneiras: batido, mexido, montado, com espuma, com gelo, etc. A seguir, vamos conhecer os principais tipos, técnicas, ingredientes especiais e equipamentos que fazem a diferença no preparo e na apresentação de uma bebida.

■ MODO DE PREPARO

COQUETEL MONTADO

Pode soar simples, mas se o modo de preparo deste coquetel der errado, a qualidade e o sabor do produto serão afetados, gerando desperdício.

UTENSÍLIOS

» Biqueira (free-pour)
Usada para controlar o despejo de bebidas. Deve estar limpa e desinfectada, sendo colocada nos frascos mais utilizados no início do serviço.

» Dosador (jigger)
É um dos utensílios fundamentais para preparar coquetéis. O dosador não deixa o líquido derramar e ajuda a acertar as quantidades exatas, eliminando o desperdício, assegurando qualidade e economizando tempo.

A fim de obter um bom resultado, algumas práticas são necessárias:

» Use sempre o mesmo dosador para garantir que todos os coquetéis estão sendo dosados de forma igual e correta.

» Experimente o utensílio. Se ele for raso e largo, vai provocar derramamento, a menos que você despeje a bebida diretamente no centro.

» Se quiser, pode segurar o dosador para despejar a bebida mais rapidamente no copo misturador ou na coqueteleira. Pratique diferentes formas de segurá-lo, seja com o polegar e dois dedos, um dedo ou dois dedos, desde que esteja confortável e firme.

» Treine para adquirir velocidade e confiança.

» Para conservar o dosador, lave-o a cada utilização, a fim de garantir que os sabores não se misturem, e armazene-o em uma bandeja de drenagem.

PREPARO

Este é um dos modos mais elegantes e eficazes de despejar bebidas. Usando uma biqueira e um dosador, siga estas etapas:

1. Verifique se a biqueira está segura e bem ajustada ao gargalo.

2. Segure a garrafa firmemente pela parte de cima.

3. Mantenha seu polegar ou indicador na tampa da biqueira.

4. Com a garrafa na posição vertical, despeje um fluxo constante.

5. Para interromper o fluxo, gire um pouco o pulso e vá devolvendo a garrafa à posição horizontal.

6. Lembre-se: a garrafa se move, mas o dosador fica parado.

7. Segure o dosador acima do copo misturador e abaixo do nível dos olhos.

8. Despeje a medida desejada e utilize o conteúdo do dosador.

DICAS

» As biqueiras devem estar na mesma direção – para a direita, com você de frente para as garrafas.

» Sempre despeje líquidos na frente do cliente, com o rótulo da bebida voltada para ele.

» Utilize sempre o dosador.

COQUETEL MONTADO EM CAMADAS

Quando executado corretamente, este preparo pode resultar em belos níveis de sabor. Se feito de forma errada, no entanto, gera uma grande confusão de ingredientes.

Este tipo de preparo não só adiciona teatralidade à criação, como também pode melhorar a experiência de sabor para o cliente, à medida que diferentes ingredientes são liberados em uma ordem específica quando a bebida é sorvida.

UTENSÍLIOS

» Colher bailarina (colher de bar).
Paciência. Despejar em camadas é uma arte; quanto mais lentos forem os movimentos, melhor!

PREPARO

Devem ser utilizados os mesmos procedimentos adotados para os coquetéis montados.

DICAS

» É importante considerar a densidade dos líquidos utilizados. Simplificando: os líquidos mais pesados (grossos, densos) vão primeiro. Já mais leves (fluidos, aquosos) são despejados no topo.

» Para começar, é melhor seguir as receitas já testadas e, com a prática, desenvolver as suas próprias.

COQUETEL MEXIDO

O coquetel mexido ou clássico é caracterizado pela utilização do mixing glass e de bebidas de composição aromática que lhe deem complexidade, como o vermute, os cognacs velhos, as aguardentes envelhecidas, etc.

UTENSÍLIOS

» Copo misturador (mixing glass)
Você pode mexer em um copo de servir; no entanto, um vidro temperado projetado especificamente para misturar bebidas (muitas vezes a metade de vidro de um Boston shaker) funciona bem.

» Colher bailarina
As torções na alça permitem o fluxo suave de líquido ao redor da colher ao mexer gelo e líquido em um copo.

PREPARO

1. Coloque os ingredientes no copo.

2. Deslize a colher bailarina no copo e mexa por até 30 segundos.

3. Se o copo estiver cheio de gelo, coloque a extremidade oposta da colher no copo e mexa o conteúdo.

4. Remova cuidadosamente a colher para evitar derramar o líquido.

DICAS

» Resfriar com gelo transparente.

» Cuidado para não quebrar o carboidrato da bebida; apenas mexa rápido, sem bater.

COQUETEL BATIDO

Dominar este preparo é uma ótima maneira de adicionar notas teatrais ao serviço, garantindo não só impressionar clientes como também resfriar e diluir simultaneamente um coquetel. A técnica de bater padrão é mais frequentemente usada para bebidas em que sucos, creme, frutas, siropes ou outros ingredientes pesados precisam ser mesclados ao destilado.

UTENSÍLIOS

Existem três tipos principais de coqueteleiras: a coqueteleira de Boston com copo de vidro, a cobbler e a parisiense. Uma coqueteleira de Boston com copo de vidro, com um único coquetel preparado em seu interior, pode pesar cerca de 1 quilo, peso que você estará sacudindo repetidamente durante a noite. Simplesmente mudando para a coqueteleira de Boston, totalmente de metal, você passará a trabalhar com 700 gramas, o que é uma diferença importante em longo prazo.

MEDIDAS PREVENTIVAS PARA EVITAR LESÕES

REVEZAMENTO

Sua mão dominante tende a desempenhar um papel importante na forma como você realiza e executa certas habilidades. Um bartender pode tentar evitar riscos de lesão, fortalecendo o seu lado não dominante. Por exemplo, se é uma noite lenta e você só tem que fazer um coquetel de cada vez, tente usar o seu lado não dominante para bater, mexer e despejar. Também é uma boa prática desenvolver de três a quatro estilos e técnicas diferentes para bater coquetéis (ou seja, para a frente, para o lado, no nível do peito, sobre a cabeça, etc.).

ALONGAMENTO

É importante ter (e praticar) uma rotina de alongamento antes e depois do turno.

A batida seca e a batida seca reversa

A batida seca consiste em bater os ingredientes em uma coqueteleira sem gelo. Qualquer receita que envolva clara de ovo começa com uma batida vigorosa por pelo menos 30 segundos. Isso garante que a clara de ovo se combine com os outros ingredientes, resultando em uma textura agradável e espumosa.

Depois de bater a seco, adiciona-se gelo e a mistura é batida pela segunda vez, antes de ser coada e servida.

A batida seca invertida segue a mesma técnica, mas ao contrário. Todos os ingredientes, exceto a clara de ovo, são adicionados a uma coqueteleira com gelo, e depois coados para remover qualquer fragmento de gelo. A clara de ovo é adicionada antes da segunda batida, resultando em uma textura espumosa mais consistente. Coquetéis clássicos, como o whiskey sour e o Ramos gin fizz, são feitos com essa técnica.

A batida dura

A batida dura é, na verdade, bastante suave, destinada a forçar o gelo a passar ao redor da coqueteleira, em vez de ir e voltar de ponta a ponta, permitindo um maior controle de aeração e diluição. O tamanho da coqueteleira é importante nesta técnica e uma coqueteleira de três peças é preferível, pois aumenta a quantidade de ar e ajuda a diluir o álcool, gerando um resultado final, em teoria, mais suave. No entanto, há debate sobre se a batida dura realmente faz alguma diferença no coquetel resultante.

» Cuidado para não exagerar. Com cubos de gelo normais, eventualmente será possível sentir o ponto em que o gelo se quebra e o coquetel está pronto para ser coado. Normalmente, não leva mais de 15 segundos. Não se esqueça de que o ato de bater a receita não tem como finalidade simplesmente gelá-la: o objetivo principal é quebrar o carboidrato dos componentes da bebida e torná-los mais harmônicos. Por exemplo, um Daiquiri precisa de bastante gelo e uma boa dose animação nos seus braços, já que é apreciado melhor quando bem frio. Um Tom Collins demanda alguns movimentos sólidos do pulso, apenas para combinar e esfriar os elementos antes de ser diluído com água gaseificada, por isso não há necessidade de uma batida excessivamente longa ou vigorosa.

» 8 a 12 segundos de batida são suficientes para esfriar uma bebida entre -7 °C e -5 °C. Após 12 segundos, haverá uma diferença mínima na temperatura da bebida e seu nível de diluição. Portanto, geralmente não é necessário bater os coquetéis por mais tempo, o que poupará o esforço repetitivo de seus músculos.

DESTILADOS CLAROS E ESCUROS

Como regra geral, bater com muita força funciona mais com destilados claros. A ideia é agregar o máximo de ar possível ao líquido para diminuir a acidez e dar mais volume ao coquetel. Durante o processo, é importante não esmagar o gelo contra o fundo da coqueteleira. Em vez disso, gire levemente o pulso e o braço para deixar o gelo raspar contra os lados do shaker.

Para os destilados escuros, continue batendo com o pulso, mas coloque o shaker em um ângulo maior para incorporar mais ar e minimizar a quantidade de gelo, raspando nas laterais do shaker. Coe duas vezes para retirar qualquer resíduo de gelo, pois eles podem trazer acidez e inibir os aromas naturais de madeira.

Tanto para os novatos quanto para os profissionais experientes, bater coquetéis é um movimento repetitivo e, independentemente do tipo de batida, muitos bartenders sofrem de dores musculares e lesões por esforço repetitivo – ainda que existam medidas preventivas para evitar o aparecimento de dores.

COQUETEL FROZEN

Uma grande vantagem dos coquetéis frozen (congelados) é o fato de serem preparados em grandes quantidades, o que pode ajudar a acelerar e manter a consistência do serviço, ou seja, são ótimos para servir a grandes grupos.

UTENSÍLIOS

» Um bom liquidificador.
» Gelo de qualidade.

PREPARO

1. Escolha o sabor.

2. Corte a fruta em pedaços e coloque no liquidificador.

3. Coloque bastante gelo transparente e bata.

DICAS

» O teor de açúcar ou os ingredientes doces geralmente devem estar em uma quantidade maior do que os ingredientes amargos, pois o sabor será melhor.

» Não complique demais. Pense em sabores completos e ousados, mas não muitos deles. Procure algumas combinações que funcionam bem e trabalhe com elas.

» Mantenha alguns copos no freezer para garantir que seu coquetel permaneça frio.

» Preencha o copo até o topo para criar um visual mais completo e atraente.

■ TÉCNICAS DE PREPARO

AMASSAR

Ótima para liberar sabor e aromas, é uma habilidade vital para executar clássicos, como o mojito ou a caipirinha.

UTENSÍLIOS

» Amassador (socador ou pilão)
  Pode ser de madeira, aço inoxidável ou plástico, com ou sem dentes. Os de madeira são melhores para ervas e os dentados são ótimos para frutas e outros ingredientes mais espessos.

» Um copo de vidro temperado
  Deve ser forte o suficiente para suportar a pressão necessária para esmagar ingredientes mais duros, como o limão. Esse recipiente pode ser um copo misturador ou um pilão.

DICAS

» A fruta deve ser cortada em pedaços pequenos.

» Aplique maior pressão em frutas cítricas, para liberarem óleos e sucos.

» Macere as ervas suavemente, para evitar esmagá-las.

» Nunca macere em um copo de vidro simples, que pode se partir.

» Torcer o pulso proporciona melhores resultados.

COAR

Quando coar um coquetel, você deve se perguntar se ele é batido ou mexido, servido com gelo ou puro e se a bebida precisa estar cristalina. Para cada caso, há uma variedade de ferramentas disponíveis.

UTENSÍLIOS

» Coador julep
  Um dos primeiros utensílios inventados para bares, esse coador data de 1700, antes da invenção dos canudos, e sua função original era manter o gelo longe da boca. O coador julep é a escolha certa para as bebidas mexidas: é rápido e eficiente, sendo usado apenas com o misturador, e nunca na coqueteleira.

» Coador de Hawthorne
  Patenteado em 1892, é uma homenagem ao Café e Restaurante Hawthorne, de Boston. O coador de

Hawthorne original foi uma melhoria do coador julep, composto por um disco que se encaixa dentro do recipiente de mistura, com a mola voltada para cima. O hawthorne é normalmente usado para coar na coqueteleira, e às vezes com um mixing glass.

» Coador duplo ou de chá
É uma inovação nas técnicas de bartender, sendo usado para remover todas as lascas de gelo e polpa cítrica de coquetéis batidos. É útil quando o hawthorne não tem a mola ajustada.

» Peneira fina
É utilizada quando o resultado final deve ser uma bebida cristalina ou bem cremosa. A qualidade do gelo afetará a quantidade de partículas de gelo que podem escapar do Hawthorne. À parte de outras bebidas mexidas, precisamos peneirar o cosmopolitan, por exemplo, para dar uma aparência e textura mais sofisticadas. Não se deve passar os coquetéis "espumosos", os que contêm clara de ovo, café expresso ou abacaxi pela peneira fina, pois estes exigem uma textura adicional.

DAIQUIRI, MARGARITA E BLOOD MARY

O principal item a se observar nesses coquetéis é o uso de suco fresco. Se o suco utilizado for fresco, contendo alguma polpa cuja textura seja interessante e saborosa, valerá a pena o esforço adicional. Você poderá usar o hawthorne e o julep para retirar lascas maiores de gelo e permitir que o coquetel passe para o copo com toda a aeração e textura intactas, propiciando uma experiência diferente para os seus convidados.

THROWING

Passagem da bebida de um copo para o outro, de uma altura razoável para aerar o coquetel. Manter o gelo nos copos usando o strainer enquanto faz o movimento.

ROLLING

Passar a receita de uma coqueteleira para a outra com o gelo para que os aromas se abram; usar distâncias mais curtas entre os copos.

CARBONATAR

Utilizada para adicionar sabor e gás aos coquetéis e dar um toque clássico ao serviço, especialmente spritzers e long drinks.

UTENSÍLIOS

» Sifão de refrigerantes.
» Cargas de CO_2.

DICAS

» Demolhe 1 litro de água com o ingrediente escolhido. Para chás, coloque em água fervente por 10 a 15 minutos e coe. Para frutas e vegetais, deixe macerar por 24 horas na geladeira e coe.

» Despeje o líquido resfriado e coado no sifão de refrigerante e carregue com o CO_2.

» Após a carga, agite e libere dióxido de carbono do sifão, segurando o bico.

» É importante notar que os líquidos precisam ser resfriados e muito bem coados, preferivelmente através de gaze culinária, pois qualquer resíduo pode entupir o sifão.

■ INGREDIENTES ESPECIAIS

GELO

Este ingrediente não apenas resfria bebidas, mas, ao derreter, torna-se uma parte vital do próprio coquetel e altera sutilmente o sabor e a consistência. Ao contrário da crença popular, adicionar mais gelo a um coquetel não afeta automaticamente sua temperatura ou diluição. Quando a bebida alcança o equilíbrio térmico (entre -8 °C e -5 °C), continuar a bater ou adicionar gelo faz pouca diferença.

Se o gelo apresenta aparência esbranquiçada, isso significa que foi congelado rapidamente de dentro para fora, então as impurezas e bolhas de ar ficam presas no centro. O gelo feito de água destilada pura, que é congelada lentamente, evita a nebulosidade e resulta em um gelo cristalino de melhor qualidade, que derrete mais lentamente.

Os cuidados de higiene com o gelo devem ser os mesmos dedicados a um alimento, com a devida higienização de recipientes e utensílios.

TIPOS DE GELO

» **Em cubos** – a superfície maior derrete devagar, refrescando bebidas sem muita diluição. Perfeito para bater, mexer e servir no copo.

» **Frapê** – feito com o liquidificador e usado principalmente em frozens e juleps.

» **Picado** – derrete mais rápido que o gelo em cubos e adiciona mais água. É obtido pela martelada no gelo em cubos, enrolado num guardanapo. Perfeito para servir em caipirinhas e margaritas.

» **Raspado** – muito fino, usado para fazer coquetéis e cones de neve. Ótimo para criar bebidas com um pouco de fantasia e *flair*.

UTENSÍLIOS

» Pá de gelo
As opções em plástico, aço inoxidável, alumínio ou policarbonato são as melhores. Nunca use um copo como pá de gelo, pois ele pode quebrar, causando ferimentos e contaminando o estoque.

» Balde de gelo

Aqueles de boa qualidade são bem isolados e têm uma base elevada, que mantém o gelo na temperatura correta, longe da água derretida. Sempre recoloque a tampa após o uso e deixe as pinças fora do balde.

» Esfera

Um pedaço grande e esférico de gelo, feito em um molde.

» Bastão

Pedaço de gelo semelhante à palha, usado principalmente em copos tipo Collins. Pode ser feito em molde ou esculpido em blocos maiores de gelo.

FLORES E ERVAS

Adicionar flores e ervas é uma ótima maneira de introduzir novos sabores e agregar frescor a bebidas. Há diferentes métodos para utilizá-las, como veremos a seguir.

SIROPES

Umedeça ervas macias, como hortelã, estragão, tomilho ou coentro, e mergulhe-as em um sirope ainda quente, mas não fervendo. Vale lembrar que elas liberam seus aromas mais fortemente quando picadas. Para elementos mais resistentes, como bagas de pimentas ou coentro, cravo e canela, é melhor aquecê-los e colocar no sirope ainda quente.

Não cozinhe demais. O ideal é manter a temperatura abaixo de 100 °C, para não transformar seu sirope em uma redução.

SIROPE SIMPLES (PROPORÇÃO 1:1)

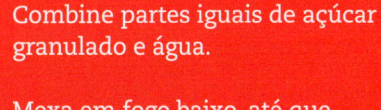

- » 1 xícara de água em temperatura ambiente

- » 1 xícara de açúcar granulado

Combine partes iguais de açúcar granulado e água.

Mexa em fogo baixo, até que todos os cristais de açúcar tenham se dissolvido.

Pode-se infundir especiarias, como canela, gengibre e até amêndoas, para sabores mais intensos.

Os siropes fermentam e ficam rançosos ao longo do tempo. Para retardar o processo, Use sempre frascos esterilizados para armazená-los e mantenha-os em local refrigerado.

GUARNIÇÕES

Uma bebida perfeita estimula múltiplos sentidos, portanto a decoração é uma oportunidade importante para criar uma ideia visual dos sabores do coquetel, bem como um aroma para preceder cada gole. Explore folhas de louro fresco e tomilho para adicionar aromas salgados.

INFUSÕES

As infusões de bebidas alcoólicas são outra maneira simples de introduzir complexidade a uma bebida. Ervas secas e flores como lavanda, camomila e folhas de louro são mais adequadas para licores do que ervas e flores frescas.

Pode-se ainda utilizar o sous-vide como técnica avançada, conforme veremos no capítulo "Decoração", no tópico "Da cozinha para o bar".

ESPUMA E AERAÇÃO

Este é um procedimento simples para adicionar sabores e diferenças texturais a qualquer tipo de bebida.

UTENSÍLIOS

» Misturador manual e lecitina em pó.

DICAS

» A lecitina é uma proteína encontrada nas claras. Basta adicioná-la à água e acrescentar os sabores que deseja.

» Usando um misturador manual, mescle esses ingredientes juntos vigorosamente até que um ar leve se forme.

» Retire a espuma com um coador julep e coloque-a por cima do coquetel.

SAL

Nosso paladar pode detectar cinco sabores diferentes: sal, azedo, doce, amargo e umami. O efeito do sal sobre a bebida depende dos outros ingredientes, mas ele age nos coquetéis, como age na comida, ressaltando o sabor dos demais ingredientes.

DICAS

» Prepare a solução salina misturando 20 g de sal marinho a 8 cl de água morna. Mexa até a solução ficar limpa.

» Deixe esfriar e transfira-a para um frasco conta-gotas ou um borrifador, para aplicar delicadamente em suas preparações.

GORDURA

Ingrediente que traz sabores culinários para bebidas, incluindo alguns surpreendentes que os clientes nunca associariam naturalmente a bebidas. Você pode usar bacon, manteiga, gordura de pato e óleo de coco.

DICAS

» Afervente o ingrediente do qual você deseja extrair a gordura, sem queimá-lo, para não perder o sabor.

» Despeje a gordura em um recipiente com o destilado no qual você deseja agregar o sabor.

» Coloque a mistura de gordura/destilado no freezer por 6 a 8 horas.

» Ao retirá-la do congelador, a gordura estará no topo do recipiente e o líquido, no fundo.

» Coe a gordura e depois passe novamente pela peneira, com gaze culinária, para obter o destilado puro, mas cheio de sabor.

FUMAÇA

A fumaça adiciona um elemento multissensorial espetacular à experiência do coquetel, pois, além de aroma e sabor, ela agrega um quê teatral à bebida.

Outra forma de adicionar fumaça a um coquetel é criar uma ilusão de fumaça, sem o sabor do defumado, utilizando gelo seco. Seja cuidadoso(a) ao manusear o gelo seco, pois o mesmo pode causar queimaduras sérias.

DICAS

» **Pistola de fumaça** – provavelmente a maneira mais eficaz de se obter um coquetel defumado. Saber usá-la é uma questão de seguir o manual de instruções, definir o seu objetivo e praticar.

» **Ervas defumadas** – consiste em arrumar a(s) erva(s) em um prato, colocar fogo e tapar com o copo de cabeça para baixo, bem no topo. Esse processo cria um efeito de ervas e sabores mais sutis, quando comparado com lascas de madeira.

» **Fruta defumada** – embora sem impacto visual, esta técnica certamente afetará o sabor da bebida. Também pode-se adicionar pedaços de frutas defumadas como guarnição.

COR

A tonalidade do coquetel tem um efeito muito importante para a percepção do sabor. Em nossos cérebros, a percepção de cor é predominante sobre o sabor; portanto, a cor deve harmonizar com todo o resto do coquetel: sabor, estilo, serviço, etc.

Ao olhar o coquetel, o cérebro já tenta interpretar sua base: seria um destilado transparente como a vodka ou algo mais escuro como whisky? Em seguida, procura adivinhar o que acompanha esse destilado: um suco de frutas tropicais (amarelo suave ou forte), um creme de leite ou de ovos (denso e esbranquiçado) ou mesmo um café ou chocolate (marrom escuro). Aqueles com mais experiência em coquetelaria podem inclusive cogitar o acréscimo de algum licor ou bitter que dará origem a tons avermelhados e azulados.

Cada conjunto de cores trará uma percepção ao cliente: as cores vibrantes remetem a refrescantes drinks tropicais com muita fruta; as cores sóbrias, a elegantes drinks de inverno, com ovos, creme, café e chocolate; as cores azuladas e arroxeadas, a irreverentes coquetéis exóticos.

Todo esse exercício na mente do consumidor é despertado pelo bartender que, ao criar uma receita, compõe um drink temático e, considerando esse tema, desenvolve cores e sabores que vão fazer parte de uma breve composição resumida num copo e levada aos lábios, quando toda a expectativa criada visualmente será entregue ao paladar.

Decoração

Uma boa apresentação pode impulsionar as vendas, gerando vantagem competitiva ao seu bar. Uma guarnição intrigante adiciona cor, sabor e um toque extra, tornando todo o serviço mais atraente.

■ UTENSÍLIOS ÚTEIS

» **1 tábua de cortar de boa qualidade**. O plástico temperado lavável é a melhor escolha de material.

» **1 faca pequena**. Para fatiar, cortar as pontas das frutas cítricas e as frutas mais macias e delicadas.

» **1 faca grande**. Para as frutas grandes, como abacaxis, melões, melancias, etc.

DICAS

» Facas bem afiadas são essenciais para criar guarnições elegantes, pois pedem cortes precisos e delicados. Domine a técnica.

» Para cortar frutas em fatias, a faca, a tábua e a fruta devem estar limpas e secas. Corte as extremidades, depois divida as frutas ao meio e retire o miolo. Para porcionamento: divida a lima em 6 fatias; o limão, em 8 fatias; a laranja, em 16 fatias.

» Uma regra fácil é usar laranjas para bebidas com sabor de laranja, limões para bebidas com sabor de limão e limão para todo o resto. As frutas cítricas são uma ótima opção porque fornecem cor, sabor e um toque de acidez muito importante.

» Utilize produtos frescos em cada turno e guarde-os em recipientes adequados na geladeira.

» As folhas de hortelã, uma vez lavadas e preparadas, devem ser embrulhadas em uma toalha de papel de papel umedecida e guardadas na geladeira, para que se mantenham frescas.

» Evite utilizar produtos ou partes com imperfeições que saltem aos olhos.

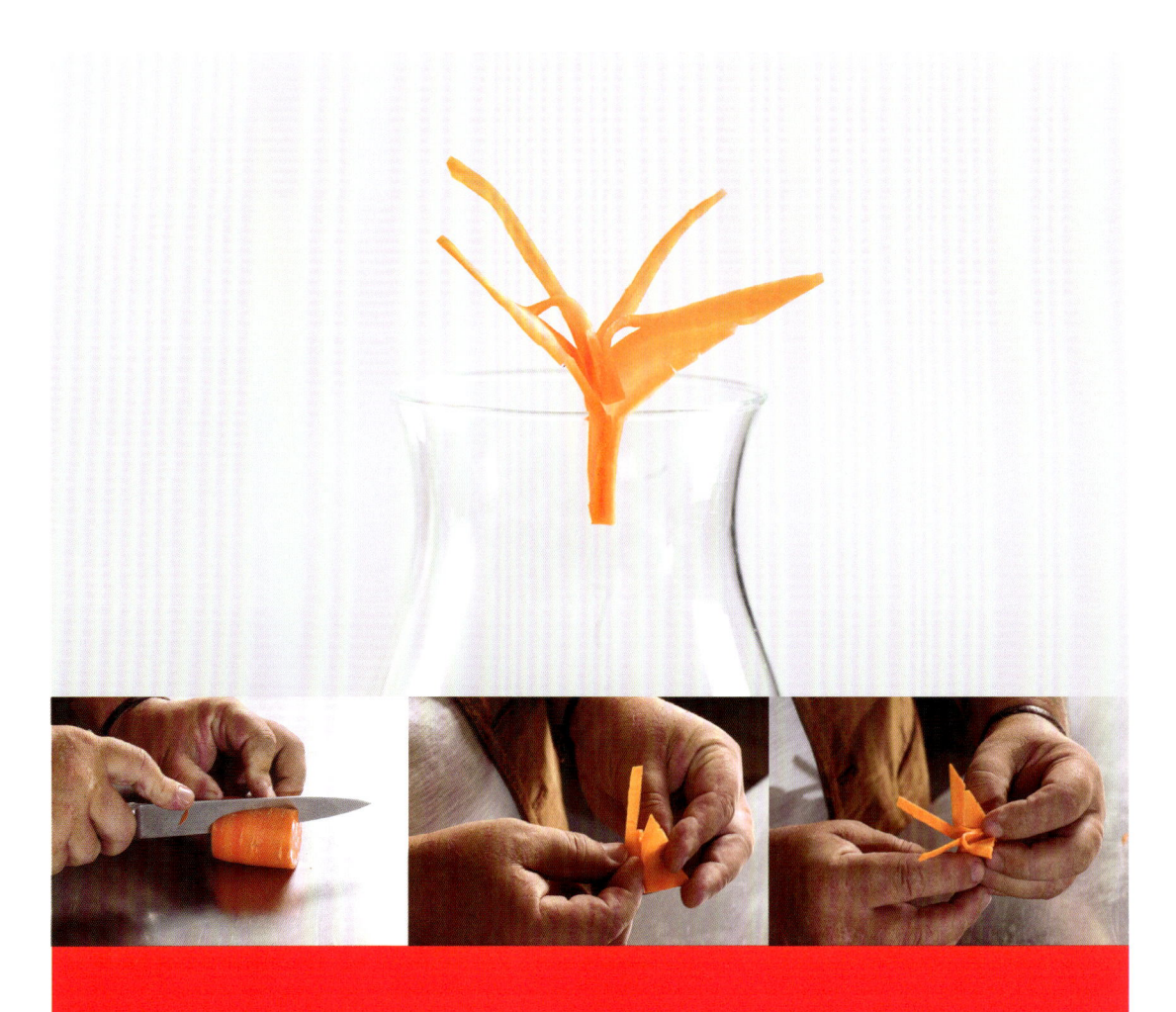

COMO FAZER UM TWIST

Usando uma faca pequena, faça um corte que deve ser longo o suficiente para amarrar ou torcer e enrolar. O ideal é começar a torcer onde estava o caule da fruta e fazer um corte em espiral, não em linha reta – posicione sua faca ao redor da fruta em espiral. Uma espiral apertada resulta em uma ondulação apertada; já uma espiral larga cria uma onda maior e mais solta.

Os coquetéis Tiki são famosos por usar uma variedade extravagante de enfeites, incluindo flores enormes e minissombreiros de papel.

Você também pode experimentar o uso de flores secas, folhas de ouro, cascas, bagas e ervas, bacon, sais temperados ou defumados. A imaginação é o limite.

Não esqueça a sustentabilidade. Garanta que nada seja desperdiçado. Se o suco de um limão foi usado no coquetel, então sua casca pode ser usada como enfeite também.

■ EQUIPAMENTOS

DA COZINHA PARA O BAR

Como bartenders, uma das nossas maiores influências são os chefs de cozinha. Muitos dos melhores coquetéis modernos foram inspirados na gastronomia, tendo como referência a harmonização de sabores ou técnicas culinárias. Aprender diferentes técnicas envolve frequentemente apreender a utilizar novos equipamentos.

UTENSÍLIOS

» Termomix. Além de misturar, cortar, fazer purê, emulsionar, moer e mexer, também tem a função de cozinhar e de pesar ingredientes.
É interessante para coquetéis quentes, como o hot buttered rum e egg nog, pois permite misturar com precisão, emulsionar e manter a temperatura pelo tempo que for necessário, sem cozer demais o conteúdo.

Também pode fazer macerações a quente, pois a temperatura correta evita extrair o amargor ou adstringência de certos ingredientes.

» Sous-vide. É uma solução para infusão de bebidas alcoólicas e siropes com ingredientes de selecionados, em uma temperatura altamente controlada e sem a presença de oxigênio.

» Desidratador. Frutas desidratadas podem ser usadas como guarnições de coquetel, transformadas em pós ou em bebidas alcoólicas, por meio da adição de álcool e açúcar. Pode-se desidratar siropes para produzir cristais de açúcar saborizado, fazer algodão-doce ou pó para polvilhar em coquetéis.

CARRINHOS DE BEBIDA

Um clássico que retorna à moda, combinando técnica e ingredientes especiais com estética teatral, para criar uma experiência única.

Pode ser utilizado para oferecer coquetéis de boas-vindas, durante a espera pela mesa ou em mesas afastadas do balcão.

Outro ponto importante é entender quem é o seu cliente: para os que já são consumidores habituais de coquetéis, é possível sugerir combinações e sabores novos; para aqueles que estão indo pela primeira vez, convém oferecer opções clássicas.

» Como tudo fica bem visível, mantenha o carrinho limpo e certifique-se de que todos os ingredientes estejam lavados e bem-apresentados.

» Use gelo fresco cortado em pedaços grandes e complete durante todo o turno.

» Fique de olho no estoque e reabasteça o carrinho periodicamente. Ninguém quer um bartender correndo de um lado para outro para preparar seu pedido.

O SERVIÇO PERFEITO EM QUATRO PASSOS

Para um serviço perfeito, assimile as técnicas explicadas e atente para os seguintes pontos:

1. ESCOLHA E MANUSEIO CORRETO DOS COPOS

Devem ser utilizados o copo correto e a quantidade certa de bebida, de gelo e de guarnição. É importante usar copos frios e secos e manusear o vidro o mínimo possível: lembre-se de que os dois terços superiores do copo pertencem ao cliente.

2. QUANTIDADE E QUALIDADE DE GELO

Usar gelo claro e de boa qualidade é essencial para criar coquetéis perfeitos.

3. QUALIDADE DAS BEBIDAS

Novos sabores de refrigerantes, por exemplo, cervejas de gengibre e tônicos com sabor podem criar sabores e texturas notáveis. Essas bebidas permitem que você ofereça ao seu cliente algo diferente e fazem com que seu bar se destaque da concorrência.

4. OFERTAS SAZONAIS

Uma ótima maneira de se destacar é por meio dos diferentes serviços que você oferece para as mais variadas ocasiões. As bebidas sazonais não precisam ser complicadas e podem ser criadas simplesmente adicionando um enfeite ou um ingrediente extra.

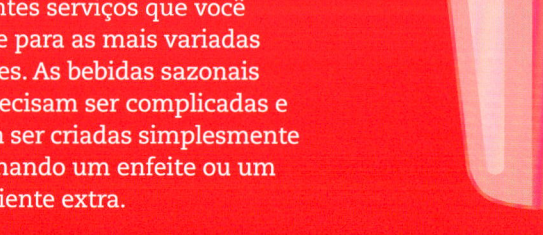

Classificação de coquetéis

Assim como as bebidas apresentam infinitas propriedades e funções, os coquetéis podem ser classificados a partir dos mais variados critérios, como veremos a seguir.

1. PELA RECEITA

» Coquetéis IBA

» Coquetéis não IBA

» Coquetéis premiados

2. PELO MODO DE PREPARO

» Montado (direto)

» Mexido (mixing glass)

» Batido (coqueteleira/shaker)

» Amassado (stick)

» Frozen (liquidificador)

BORDA CRUSTADA (RIMMING)

Coquetéis batidos na coqueteleira que levam na borda de seus copos ingredientes como açúcar, sal, canela, entre outros, por exemplo, a margarita (p. 183). A técnica para fazer a crusta é: 1) faça um corte fino no limão; 2) passe a borda do copo no corte pressionando de boca para baixo para não escorrer; 3) passe a parte úmida do copo no componente que fará a crusta (açúcar ou sal ou canela, etc). Importante: os copos devem ter a crusta do lado de fora da borda, não na parte interna.

3. PELO SABOR

» Coquetéis com destilados

» Coquetéis com frutas

» Coquetéis cremosos

» Coquetéis com café

» Coquetéis com vinho e espumantes

» Coquetéis aromáticos (plantas, especiarias e ervas)

» Coquetéis sem álcool ou mocktails (também chamados *virgin* – virgem): drinks sem álcool.

4. PELA FINALIDADE

» Aperitivo

» Digestivo

» Fancy, refrescante (para qualquer ocasião)

5. PELA CATEGORIA

» Short drink (de 7 cl a 15 cl)

» Medium drink (de 16 cl a 20 cl)

» Long drink (de 21 cl a 30 cl)

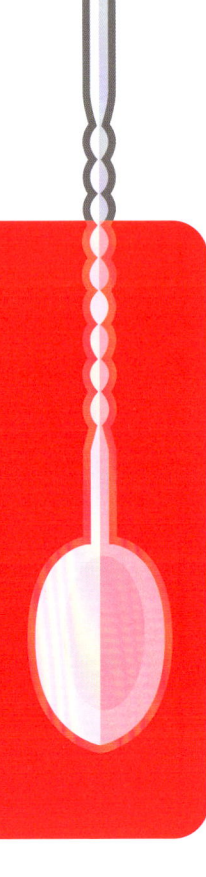

PUNCHES (PONCHES)

São ideais para festas, preparados em copos individuais ou grandes tigelas para muitas pessoas. Os ponches são elaborados à base de rum e frutas.

CUPS

Coquetéis de recepção preparados diretamente em copos onde se colocam as frutas da estação, junto ao destilado, licores, cognac, açúcar e gelo. Refrigerados, são completados no momento de servir, dentro dos copos, com champagne ou vinho (do porto, jerez, sauternes, vermutes, bordeaux tinto), refrigerante sidra. Um exemplo é o pimm's. Para outros, veja o glossário no fim do livro.

6. PELA FAMÍLIA

Apresentamos, a seguir, algumas famílias de coquetéis. Ressaltamos que nem todas as receitas devem se encaixar nesses estilos ou famílias. O importante é não deixar que a história ou as regras inibam a criatividade na hora de fazer o drink. Essas informações devem servir para orientar o consumidor a pedir o grupo com que tem mais afinidade.

» **Blazer coquetel:** destilado e uma bebida doce.
  · Copo: sniffer (balloon).
  · Modalidade: usar técnica de throwing e servir enquanto estiver quente. Por exemplo: blue blazer.

» **Buck:** aguardente, ginger beer/ale e suco de limão.
  · Copo: highball ou tumbler longo.
  · Modalidade: montado direto no copo.

» **Cobbler:** destilado ou vinho com fruta e açúcar.
  · Copo: collins ou goblet.
  · Modalidade: servido com gelo frapê e decorado com frutas negras.

» **Collins:** destilado, suco de limão, açúcar ou licor e água de seltz (veja no glossário).
  · Copo: highball.
  · Modalidade: o original é montado direto no copo ou batido na coqueteleira.

» **Cooler:** vinho ou destilado, sodas/ginger ale ou outras bebidas carbonatadas (siropes, licores ou bitters).
  · Copo: highball.
  · Modalidade: batido ou montado em copo longo com gelo.

» **Coffee:** à base de café, destilado, licores e cremes.
  · Copo: toddy, caneca ou old fashioned.
  · Modalidade: montado ou batido; servido frio ou quente. Por exemplo: sahara.

» **Colada:** destilado, suco de frutas e um produto doce.
  · Copo: fantasia (escandinavo) ou copos exóticos.
  · Modalidade: batido no liquidificador ou na coqueteleira com gelo. Por exemplo: piña colada.

» **Crustas:** destilado, suco de limão, açúcar e bitter.
  · Copo: goblet ou taça para vinho e casca de limão.
  · Modalidade: batido e coado para o copo crustado de açúcar (rimming).

» **Cups:** destilado, vinho ou vermutes, frutas, licor, açúcar (opcional) e água com gás.
  · Copo: goblet ou caneca.
  · Modalidade: direto no próprio copo de serviço com gelo. Por exemplo: pimm's n. 1.

- » **Sour:** destilado ou licores, suco de citrus, açúcar, bitter e clara de ovo (opcional).
  - Copo: old fashioned (com gelo) ou taça martini (sem gelo).
  - Modalidade: batido.

- » **Smash:** destilado, açúcar e hortelã.
  - Copo: tumbler curto ou old fashioned.
  - Modalidade: servido direto com gelo em cubos ou frapê.

- » **Slings:** destilado, licor, suco de limão, siropes e sodas e bitter (opcional).
  - Copo: sling (escandinavo).
  - Modalidade: batido e servido com gelo. Por exemplo: singapore sling.

- » **Daisy:** destilado, licor de laranja e suco de limão.
  - Copo: goblet, coupe ou old fashioned (com ou sem gelo).
  - Modalidade: batido. Por exemplo: margarita.

- » **Eggnog:** destilado (brandy, rum bourbon, eau-de-vie), creme de natas, licor, açúcar e gema de ovo.
  - Copo: old fashioned, collins ou toddy.
  - Modalidade: batido e servido sem gelo ou quente.

- » **Fix:** destilado, sirope, suco de limão e abacaxi fresco.
  - Copo: goblet ou caneca de barro.
  - Modalidade: batido e servido com gelo raspado. Por exemplo: gin fix.

- » **Fizz:** destilado, suco cítrico, açúcar, espumante ou B.R.S.A. (bebidas refrescantes sem álcool).
  - Copo: higball.
  - Modalidade: batido e servido no copo gelado ou sem gelo e completado com mixer carbonatado. Por exemplo: ramos fizz.

- » **Flip:** vinho fortificado, gema de ovo e destilado.
  - Copo: ISO ou INAO.
  - Modalidade: batido e servido sem gelo ou mexido e quente.

- » **Grogue:** rum, limão e especiarias doces ou açúcar.
  - Copo: caneca ou double old fashioned.
  - Modalidade: batido e servido com gelo.

- » **Highball:** destilado, águas carbonatadas de gosto (mixer).
  - Copo: highball.
  - Modalidade: direto no copo longo com gelo.

- » **Julep:** destilado, hortelã e açúcar.
  - · Copo: julep mug.
  - · Modalidade: direto no copo com a hortelã macerada e gelo quebrado. Por exemplo: mint julep.

- » **Martini:** destilado, vodka ou gin, vermutes e quase sempre bitters (amargos).
  - · Copo: taça martini ou coquetel.
  - · Modalidade: batido, mas também pode ser mexido. Por exemplo: dry martini ou outros com um toque de frutas, como o cosmopolitan.

- » **Mull:** vinho, ervas e especiarias.
  - · Copo: caneca ou goblet.
  - · Modalidade: montado e servido quente. Por exemplo: vinho quente.

- » **Pousse coffee (layers, rainbow):** mistura de destilados ou licores.
  - · Copo: canudo (shoot).
  - · Modalidade: direto no copo em camadas.

- » **Punch (ponche):** destilado, cítrico, especiarias siropes/ açúcar.
  - · Copo: chávena ou tumbler longo.
  - · Modalidade: montado em grandes recipientes (poncheiras) ou individual com gelo. Veja "punch" no glossário.

- » **Sangria (sangaree):** vinho tinto, destilado vínico, licor, açúcar, frutas em pedaços (laranja, maçã, limão-siciliano).
  - · Copo: goblet ou taças de vinho.
  - · Modalidade: montado em jarras ou em copos, com ou sem gelo.

- » **Swizzle:** destilado ou licor forte, citrinos, bebidas doces e de sabor forte e bitter.
  - · Copo: highball.
  - · Modalidade: direto no copo longo com gelo quebrado e um bastão swizzle (veja no glossário).

- » **Toddy:** destilado, açúcar e água quente com infusão de especiarias.
  - · Copo: no copo ou em canecas toddy ou grogue.
  - · Modalidade: montado no próprio copo bem quente.

PARTE IV
Receitas

Todos os coquetéis apresentados são acompanhados de ícones com características da bebida, conforme as legendas do quadro a seguir.

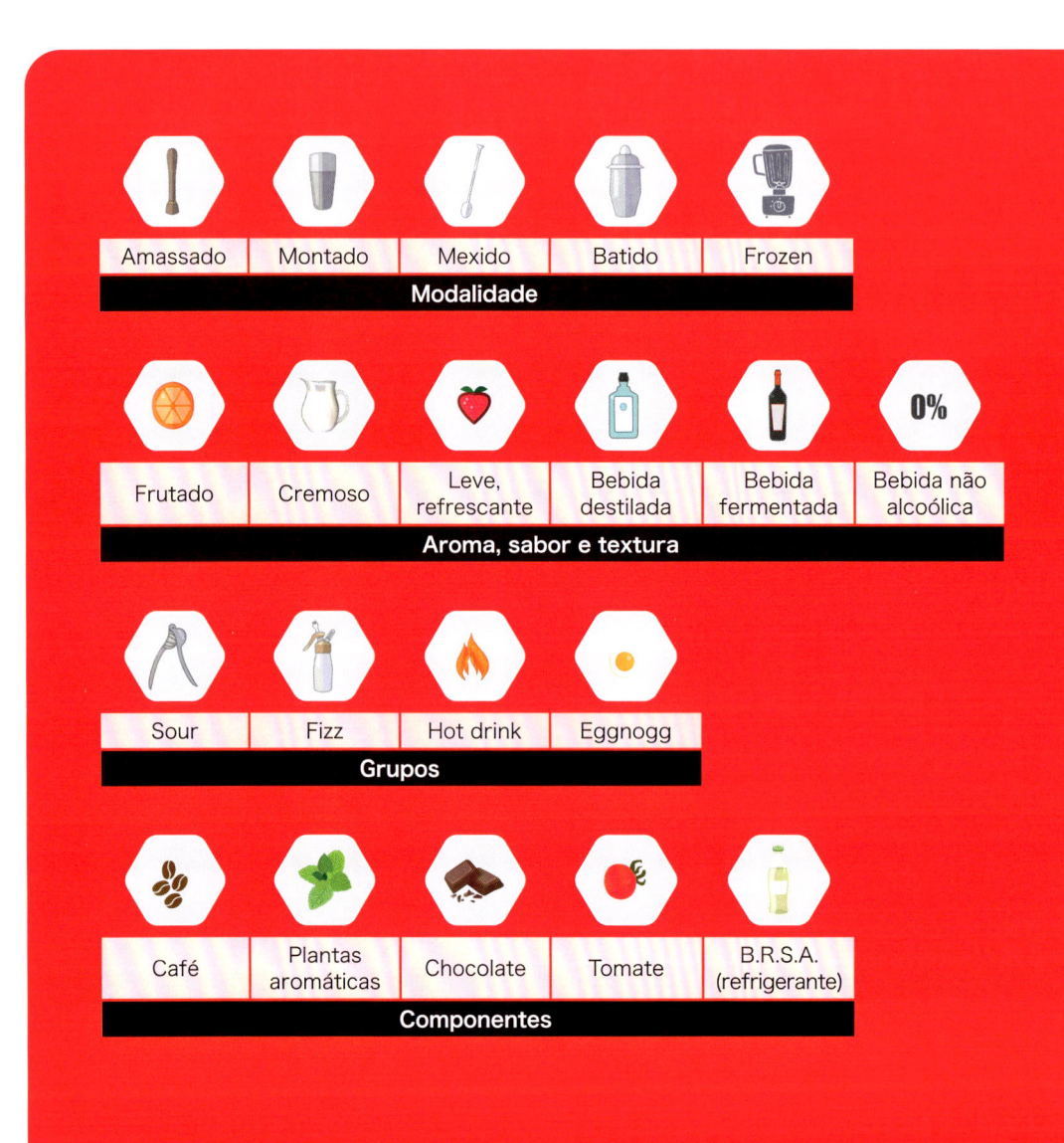

legendas

legendas

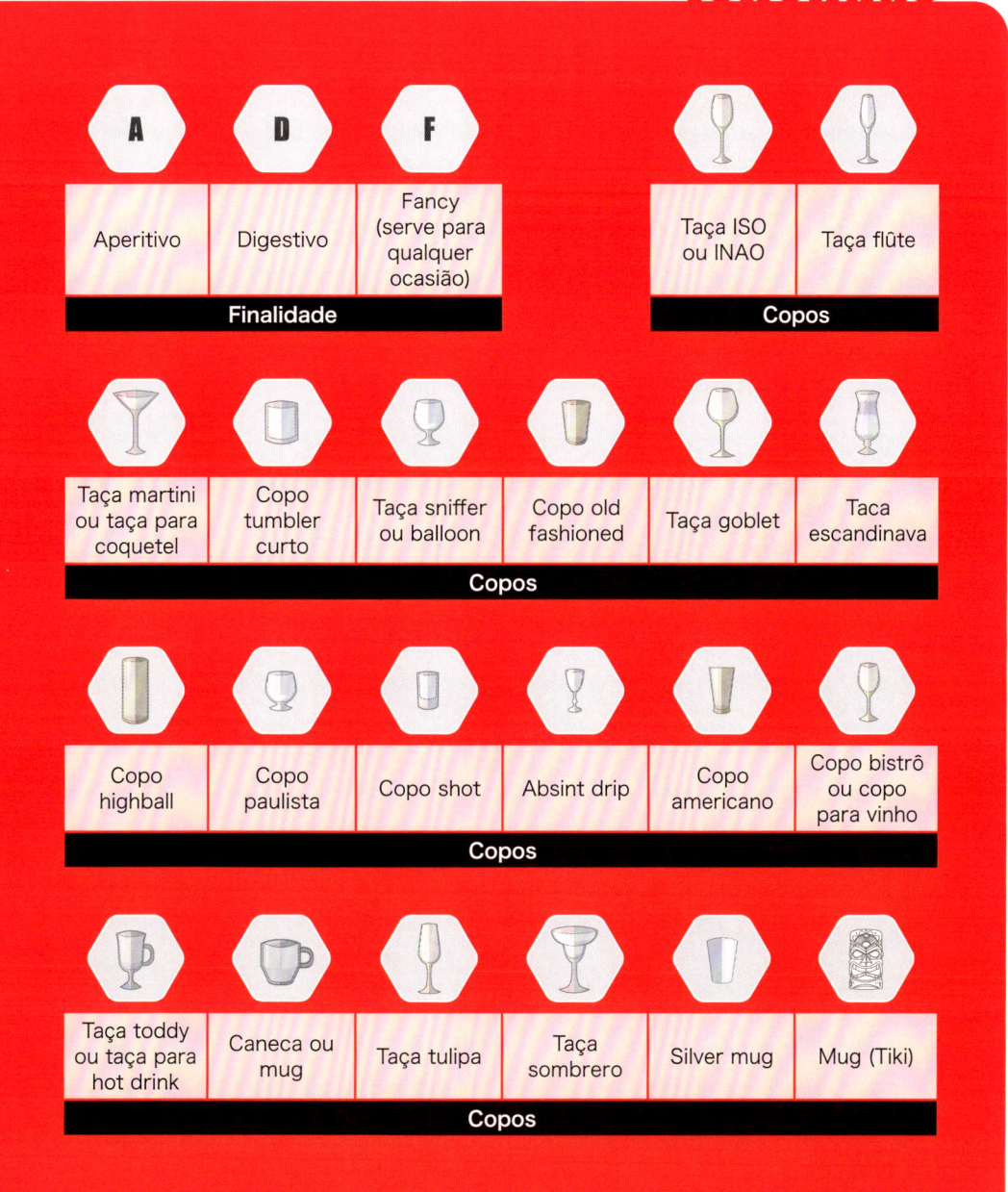

A	**D**	**F**			
Aperitivo	Digestivo	Fancy (serve para qualquer ocasião)		Taça ISO ou INAO	Taça flûte
Finalidade				**Copos**	

Taça martini ou taça para coquetel	Copo tumbler curto	Taça sniffer ou balloon	Copo old fashioned	Taça goblet	Taca escandinava
Copos					

Copo highball	Copo paulista	Copo shot	Absint drip	Copo americano	Copo bistrô ou copo para vinho
Copos					

Taça toddy ou taça para hot drink	Caneca ou mug	Taça tulipa	Taça sombrero	Silver mug	Mug (Tiki)
Copos					

Coquetelaria clássica

A maioria das bebidas presentes nesta categoria é composta por coquetéis registrados e oficializados pela IBA (Associação Internacional de Bartenders). Fundada em 1951 por pessoas de diferentes países, a instituição tem como objetivo ser uma organização internacional para representar os melhores bartenders do mundo.

Uma das funções da IBA é preservar as receitas clássicas da coquetelaria, bem como a história relacionada a elas.

ANGEL FACE (IBA)

3 cl de dry gin
3 cl de apricot brandy
3 cl de calvados
Gelo

Bata tudo com gelo, coe e transfira para uma taça martini resfriada.

AVIATION (IBA)

5 cl de London dry gin
3 cl de licor Maraschino
2 cl de violet licor
1,5 cl de suco de limão-siciliano

Bata tudo, coe e sirva em uma
taça martini resfriada.

BACARDI (IBA)

4,5 cl de rum Bacardi
2 cl de suco de limão fresco
2 cl de sirope grenadine
Gelo

Bata com gelo, coe a mistura
e sirva em uma taça martini
resfriada.

BETWEEN THE SHEETS (IBA)

3 cl de cognac
3 cl de rum anejo
3 cl de licor Triple Sec
1,5 cl de suco de limão-siciliano fresco
Gelo

Bata tudo com gelo, coe e sirva em uma taça
martini resfriada.

CASINO (IBA)

4 cl de dry gin
1,5 cl de licor Maraschino
1 cl de suco de limão fresco
1 cl de bitter Orange
Gelo

Bata o gin, o licor, o bitter
Orange e o suco de limão com
cubos de gelo. Coe e sirva em
uma taça martini resfriada.
Decore a gosto. Uma sugestão é
com um twist de limão e uma
cereja em calda.

CLOVER CLUB (IBA)

4,5 cl de dry gin
1,5 cl de sirope de amora
1 cl de suco de limão fresco
½ clara de ovo
Gelo

Bata tudo com cubos de gelo.
Coe e sirva em uma taça martini
resfriada.

DAIQUIRI (IBA)

5 cl de rum
2 cl de suco de limão fresco
2 cl de sirope simples (açúcar)
Gelo

Em um liquidificador, coloque pedras de gelo, o rum, o suco de limão e o sirope. Bata e sirva em uma taça martini resfriada. Pode ser decorado com uma rodela de limão, por exemplo.

Observação: também pode ser batido em coqueteleira, acrescentando-se depois gotas de calda de cereja. Nesse caso, servir como um sorbet, em uma taça martini.

DRY MARTINI (IBA)

7 cl de London dry gin
1,5 cl de vermute seco
Azeitona
Gelo

Coloque o gelo no mixing glass, deixe gelar bem e enxugue a água. Despeje o gin e o vermute no mixing glass com bastante gelo cristalino. Após gelar a bebida, coe e sirva em uma taça martini resfriada. Coloque a azeitona como garnish (acompanhamento).

A

MANHATTAN (IBA)

5 cl de rye ou bourbon whiskey
2 cl de vermute rosso
4 gotas de angostura (bitter)
Gelo
1 cereja

Coloque o gelo no mixing glass,
deixe gelar bem e enxugue
a água. Despeje o whiskey, o
vermute rosso e a angostura no
mixing glass com bastante gelo
cristalino. Gele a bebida com
a colher bailarina, coe e sirva
em uma taça martini resfriada.
Coloque a cereja como garnish.

A

COSMOPOLITAN (IBA)

4 cl de vodka
2 cl de licor Triple Sec
5 cl de suco de cranberry
1 cl de suco de limão-siciliano fresco
Gelo

Bata na coqueteleira a vodka, o licor, o suco de cranberry, o suco de limão e o gelo. Quando estiver no ponto de frio, coe e sirva numa taça martini resfriada. Decore com zestes de laranja ou com um twist de casca de laranja.

A

NEGRONI (IBA)

3 cl de London dry gin
3 cl de vermute rosso
3 cl de campari (bitter)
1 rodela de laranja
Zestes de limão-siciliano
Gelo

Monte direto no copo tumbler curto (old fashioned) com gelo cristalino em cubo ou esfera, coloque uma rodela de laranja fina e zestes de limão-siciliano. Misture bem.

AMERICANO (IBA)

6 cl de vermute rosso
3 cl de bitter aperitivo (de tradição)
Lance de água gaseificada (a gosto)
1 rodela de laranja
5 pedras de gelo

Em um copo tumbler longo, coloque cinco pedras de gelo, coloque as bebidas no copo, despeje um lance de água gaseificada e acrescente uma rodela de laranja bem fina. Mexa com a colher bailarina.

BLOODY MARY (IBA)

4 cl de vodka
1,5 cl de suco de limão fresco
10 cl de suco de tomate
6 gotas de Worcestershire sauce
 (molho inglês)
4 gotas de tabasco
1 talo de aipo
1 rodela de limão
Folhas de salsão
Sal de aipo a gosto

Prepare primeiro o molho em
um copo longo, conforme as
preferências de cada profissional.
Em seguida, acrescente gelo, vodka
e complete com suco de tomate.
Acompanha um talo de aipo, rodela
de limão e folhas de salsão.

Observação: desde 1986,
as doses de preparo deste
coquetel são diversas.

COQUETEL DE CHAMPAGNE (IBA)

1 cl de cognac
3 gotas de bitter Orange
1 torrão de açúcar
Champagne
Cereja em calda (opcional)

Em uma taça tulipa resfriada,
coloque o torrão de açúcar e
adicione gotas de bitter Orange.
Despeje o cognac, complete com
champagne. Opcionalmente,
adicione ao coquetel uma cereja
em calda.

A

FRENCH 75 (IBA)

3 cl de gin
1,5 cl de suco de limão fresco
1 dash de sirope simples (açúcar)
Espumante
Gelo

Bata com gelo todos os
ingredientes na coqueteleira,
exceto o espumante. Coe e sirva
em uma taça flûte resfriada.
Complete com espumante e
mexa delicadamente.

Observação: esse coquetel é
usualmente servido em festas.

ESPRESSO MARTINI (IBA)

4 cl de vodka
2 cl de licor de café
Sirope simples (açúcar) a gosto
1 xícara de café espresso forte (frio)
Gelo

Bata todos os ingredientes na coqueteleira com gelo, coe e sirva em um taça martini resfriada.

Observação: utilize sempre café espresso frio na coqueteleira. O café quente pode ganhar pressão na coqueteleira, por isso não é recomendado o seu uso.

FRENCH CONNECTION (IBA)

3,5 cl de cognac
3,5 cl de amaretto
Gelo

Monte o coquetel diretamente no copo com bastante gelo e mexa com delicadeza. Decore a gosto.

KIR (IBA)

2 cl de creme de cassis
Vinho branco seco

Despeje o creme de cassis em uma taça para vinho branco e complete com o vinho.

Observação: o cassis e o vinho devem estar gelados para deixar o coquetel na temperatura correta. Esta bebida é ótima para acompanhar sobremesas. A versão kir royal desse drink é feita com espumante.

MARGARITA (IBA)

4 cl de tequila
3 cl de licor de laranja
1,5 cl de suco de limão fresco
Gelo
Sal (para a borda do copo)

Bata todos os ingredientes em uma coqueteleira com gelo até sentir o shaker bem frio. Coe e sirva em uma taça crustada com sal.

Observação: veja como incrustar a borda da taça com sal na página 155.

PISCO SOUR (IBA)

5 cl de pisco
2 cl de sirope simples (açúcar)
3 cl de suco de limão fresco
½ clara de ovo
3 gotas de angostura (bitter)
Gelo

Bata na coqueteleira ou no liquidificador o pisco, o sirope, o suco de limão e a clara de ovo com gelo. Coe a mistura e despeje o conteúdo em uma taça de espumante resfriada. Adicione a angostura por cima.

Observação: em alguns países, é proibido usar a clara de ovo in natura. Nesse casos, é possível substituí-la pela clara de ovo pasterizada.

SIDE CAR (IBA)

5 cl de cognac
3 cl de licor Grand Marnier Cordon Rouge
2 cl de suco de limão fresco
Gelo

Em uma coqueteleira, bata
bem todos os ingredientes
com gelo, com cuidado para
não bater demais ou não
deixar gelar muito. Coe e sirva
em uma taça martini resfriada
ou em uma taça sniffer.

MARY PICKFORD (IBA)

5 cl de rum branco
5 cl de suco de abacaxi fresco
1 cl de licor Maraschino (luxardo)
1 dash de grenadine
Gelo

Em uma coqueteleira, bata o rum,
o suco de abacaxi, a grenadine e o
Maraschino com gelo. Sirva o conteúdo
em uma taça martini resfriada.

A

STINGER (IBA)

5 cl de cognac
2 cl de creme de menta (incolor)
Gelo

Bata os ingredientes em uma coqueteleira com gelo. Coe a mistura e sirva em uma taça martini ou taça sniffer.

Observação: em 1986, a receita era feita com brandy ou cognac, obedecendo a frações, sendo 7/10 de cognac e 3/10 de creme de menta branca, montados direto no copo old fashioned com gelo. A partir de 1993, a receita passou a ser elaborada apenas com brandy, e não mais com o cognac, retomando a receita original, conforme indica o Classic Cocktail Club, de Milão.

D

SAZERAC

5 cl de cognac
1 cl de absinto
1 torrão ou 1 colher (de chá)
de açúcar
4 gotas de Peychaud's bitter
1 espiral de limão-siciliano
Gelo

Enxágue um copo tumbler curto
(ou old fashioned) internamente
com absinto e gelo. No mixing
glass, coloque o cognac e o
Peychaud embebido no açúcar.
Gele bem com a ajuda de uma
colher. Coe o conteúdo e despeje-o
no copo tumbler curto. Acrescente
cubos de gelo e decore com uma
espiral de limão-siciliano.

Observação: é digestivo e acompanha
bem charutos.

A

VIEUX CARRÉ

3 cl de bourbon reserve ou rye whiskey
3 cl de cognac V.S.O.P.
1 cl de Bénédictine D.O.M.
3 cl de vermute rosso
3 gotas de angostura (bitter)
4 gotas de Peychaud's bitter

Resfrie um mixing glass e depois
despeje nele todos os ingredientes,
na sequência em que são listados
nessa receita. Gele toda a bebida
rapidamente, para não aguar. Coe o
conteúdo e sirva em um copo tumbler
curto com gelo.

A   D

WHISKEY SOUR (IBA)

5 cl de bourbon whiskey
1 colher (de chá) de açúcar ou de
sirope simples (açúcar)
3 cl de suco de limão fresco
2 cl de clara de ovo (opcional)

Despeje tudo numa coqueteleira com
gelo e agite bem, especialmente se
optar por usar a clara de ovo. Sirva em
um copo old fashioned com gelo ou
em uma taça martini, sem gelo. Fazer
a crusta é opcional.

WHITE LADY (IBA)

4 cl de dry gin
3 cl de licor Grand Marnier
Cordon Jaune
2 cl de suco de limão fresco
Gelo

Bata as bebidas na coqueteleira
com gelo. Coe e sirva em uma
taça martini.

A

GARIBALDI (IBA)

6,5 cl de bitter campari
12 cl de suco de laranja fresco
1 rodela de laranja
Gelo

Monte direto em copo tumbler
longo, com gelo. Decore com uma
rodela de laranja.

 A   **F**

SPRITZ VENEZIANO

6,5 cl de aperol bitter
10 cl de prosecco
Lance de água gaseificada
Rodelas de laranja

Despeje o aperol bitter na taça
goblet com gelo. Complete com
o prosecco e a água gaseificada.
Decore com rodelas de laranja.

F

OLD FASHIONED (IBA)

5 cl de bourbon whiskey
1 colher (de bar) de açúcar
1 dash de bitter Orange
1 lance de água gaseificada
2 zestes de casca de laranja
1 rodela de laranja
1 cereja
Gelo

Monte direto em copo old fashioned
o açúcar, duas zestes de casca de
laranja e bitter Orange – esfregue bem
o açúcar com as cascas de laranja, até
formar uma pasta. Depois acrescente
o whiskey, o gelo e o lance de água
gaseificada. Use como garnish a rodela
de laranja e a cereja.

F

BRONX (IBA)

3 cl de dry gin
1,5 cl de vermute rosso
1,5 cl de dry vermute
2 cl de suco de laranja fresco
Gelo

Bata os ingredientes em
uma coqueteleira, com
gelo cristalino. Agite
vigorosamente e sirva em
uma taça martini.

A

GIN AND IT (IBA)

5 cl de gin
3 cl de vermute rosso

Gele as bebidas no mixing
glass, coe e sirva em uma
taça martini resfriada.

RUSTY NAIL (IBA)

5 cl de Scotch whisky
3 cl de Drambuie
Casca de laranja
Gelo

Monte direto no copo tumbler
curto com gelo e mexa com uma
colher bailarina. A versão mais
tradicional leva uma casca de
laranja no preparo. O coquetel
também pode ser preparado no
mixing glass e servido em uma
taça de coquetel fria, mas
sem gelo.

GOLDEN DREAM (IBA)

3 cl de licor Galliano
3 cl de licor Triple Sec
3 cl de suco de laranja fresco
1 cl de creme de leite fresco
Gelo

Bata todos os ingredientes na
coqueteleira, com gelo. Agite bem,
coe e sirva em uma taça para
coquetel.

D

BLACK RUSSIAN (IBA)

4 cl de vodka
3 cl de licor de café
Gelo

Monte direto em um copo tumbler
curto, acrescente cubos de gelo, o licor
de café e, em seguida, a vodka.

WHITE RUSSIAN (IBA)

4 cl de vodka
3 cl de licor de café
3 cl de creme de leite fresco

Bata a vodka com o licor de café e gelo na coqueteleira. Despeje o conteúdo em uma taça martini. Em outra coqueteleira, bata o creme de leite até virar suflê e o coloque no topo do copo sem misturar – use a colher bailarina para fazer essa camada.

Uma outra forma de preparar a bebida é batendo com gelo todos os ingredientes em uma coqueteleira, coando-os depois e servindo a bebida em um copo de sua escolha.

IRISH COFFEE (IBA)

4 cl de Irish whiskey
6 cl de café forte sem açúcar (quente)
1 colher (de chá) de açúcar mascavo
5 cl de creme de leite fresco
Bastão de canela (opcional)
Raspas de limão (opcional)
Raspas de laranja (opcional)
Calda de chocolate (opcional)

Coloque o açúcar em copo apropriado
para bebidas quentes (hot drink,
Toddy). Junte o whiskey e o café,
mexendo para misturar o açúcar,
até formar um creme bem denso
(chantilly). Feche o copo com esse
creme. Decore com um bastão de
canela e raspas de limão ou laranja e
calda de chocolate.

D

GRASSHOPPER (IBA)

3 cl de creme de menta (verde)
3 cl de creme de cacau (incolor)
3 cl de creme de leite fresco
Gelo

Bata na coqueteleira com gelo
todos os ingredientes. Agite
vigorosamente, coe e sirva em
uma taça martini resfriada.

GODFATHER (IBA)

4 cl de whisky
4 cl de licor Amaretto
Gelo

Monte direto em um copo old
fashioned o gelo, o whisky e o
licor, mexendo os ingredientes
com uma colher bailarina.

ALEXANDER (IBA)

3 cl de brandy
3 cl de creme de cacau
3 cl de creme de leite fresco
Noz-moscada fresca

Bata todos os ingredientes com gelo em uma coqueteleira. Coe e transfira a bebida para uma taça sniffer. Polvilhe com noz-moscada.

B-52 (IBA)

2 cl de licor de café
2 cl de licor Baileys
2 cl de Grand Marnier Cordon Rouge

Coloque em um copo canudo os
ingredientes na mesma sequência
em que aparecem na receita,
despejando-os com a ajuda de uma
colher bailarina. As bebidas devem
ficar em camadas separadas.

PORTO FLIP (IBA)

6,5 cl de vinho do porto ruby
1,5 cl de brandy
2 cl de gema de ovo
Noz-moscada (opcional)
Gelo

Bata vigorosamente os
ingredientes com gelo, em
uma coqueteleira. Coe e
sirva em uma taça ISO.
Opcionalmente, polvilhe com
noz-moscada.

MAI TAI

4 cl de rum branco
2 cl de rum anejo escuro
1,5 cl de licor de laranja
1,5 cl de Sirope d'Orgeat
1 cl de suco de limão fresco
6 cl de suco natural de abacaxi fresco
Triângulo de abacaxi
Folhas de hortelã (a gosto)
Cereja fresca ou em calda
Gelo

Bata as bebidas na coqueteleira com gelo. Despeje o conteúdo em um copo old fashioned com gelo e decore com um triângulo de abacaxi, folhas de hortelã e cereja fresca ou em calda – pode-se colocar a calda da cereja no fundo do copo. O coquetel também pode ser montado direto no copo.

MIMOSA (IBA)

8 cl de suco de laranja natural fresco
8 cl de espumante

Em uma taça flûte ou tulipa, coloque
o suco de laranja e complete com o
espumante, previamente gelados.

Observação: servir sem gelo na taça.

MINT JULEP (IBA)

5 cl de whiskey bourbon
12 folhas de hortelã frescas
5 gotas de angostura (bitter)
1 colher (de bar) de açúcar
2 colheres (de chá) de água
Gelo frapê

Bater todos os ingredientes em
uma coqueteleira, coar e levar
para uma taça de metal gelada
(julep). Adicionar gelo frapê e
decorar com hortelã salpicada de
açúcar.

Variação: amassar a hortelã
em um copo com 1,5 cl de suco
de limão, açúcar, angostura,
whiskey, gelo e um lance de água
gaseificada, servindo em um copo
old fashioned.

F

MOJITO (IBA)

5 cl de rum
3 cl de suco de limão fresco
4 ramos de hortelã
1 colher (de bar) de açúcar
Lance de água gaseificada
Gelo

Coloque os ramos inteiros da hortelã com o açúcar em um copo tumbler longo. Faça uma ligeira pressão com o stick – não esmague a hortelã, pois só precisamos da fragrância da planta, não do gosto. Adicione um lance de água gaseificada, o rum e complete com gelo. Decore com folhas de hortelã e um bastão de cana-de-açúcar.

Observação: procure sempre usar folhas novas (pequenas) de hortelã, que têm fragrância fresca. As folhas grandes conduzem energia para a raiz e são mais duras.

F

MOSCOW MULE

4,5 cl de vodka
1,5 cl de suco de limão fresco
2 cl de sirope simples (açúcar)
Lance de ginger ale
Cubos de gelo
Espuma de gengibre

ESPUMA DE GENGIBRE
5 rodelas raladas de gengibre
7 cl. de água
1 colher (de chá) de açúcar
9 g de emulsificante

Comece preparando a espuma de gengibre: coloque o gengibre ralado em uma vasilha com o emulsificante, a água e o açúcar, e bata com um fouet ou coloque o gengibre em um sifão, utilizando uma cápsula de gás. Deixe na geladeira até adquirir consistência cremosa (cerca de 1 hora). Importante: não abra o sifão quando estiver carregado com o gás e utilize sempre um sifão de marca profissional.

Em seguida, na coqueteleira, agite a mistura de sirope de açúcar, suco de limão, a vodka e gelo. Coe e despeje a bebida em uma canela cobre, completando com ginger ale. Sirva com gelo e acrescente a espuma de gengibre por cima.

LONG ISLAND ICED TEA (IBA)

1,5 cl de gin
1,5 cl de rum
1,5 cl de pisco
2 cl de kirsch
1,5 cl de licor Triple Sec
3 cl de sirope simples (açúcar)
2 cl de suco de limão fresco
Lance de B.R.S.A. cola
1 rodela de limão
Gelo

Coloque todas as bebidas na coqueteleira com gelo, exceto a B.R.S.A. cola. Agite bem, coe e transfira a mistura para um copo tumbler longo com bastante gelo e uma rodela de limão no fundo do copo. Complete o coquetel com B.R.S.A. cola.

Observação: os destilados podem ser trocados, desde que não se repita a matéria-prima usada na destilação. Por exemplo, não se deve misturar cachaça e rum, pois os dois provêm da cana-de--açúcar.

JOHN COLLINS (IBA)

4,5 cl de gin
2 cl de suco de limão fresco
1,5 cl de sirope simples (açúcar)
Água gaseificada
Angostura (opcional)
Rodelas de limão
Cereja

Monte direto o coquetel em um copo tumbler longo. Complete com água gasosa e gelo, acrescente limão e cereja. A angostura é opcional.

Variações: vodka Collins, rum Collins, etc.

PIÑA COLADA (IBA)

4,5 cl de rum branco
6 cl de creme de coco
6 cl de suco de abacaxi fresco
Cerejas
1 fatia de abacaxi
Gelo

Bata tudo em uma coqueteleira
com bastante gelo. Coe e transfira
para um copo tumbler longo
ou dentro de um coco seco.
Decore com pedaços de abacaxi,
cerejas e uma folha da coroa de
abacaxi. Opcionalmente, pode-se
bater os ingredientes em um
liquidificador, com gelo.

PLANTER'S PUNCH (IBA)

4 cl de rum escuro
3,5 cl de suco de laranja fresco
3,5 cl de suco de abacaxi fresco
1,5 cl de suco de limão fresco
1 cl de grenadine
4 gotas de angostura (bitter)
Triângulo de abacaxi
Cereja
Gelo

Coloque o rum e os sucos na coquetelaria com gelo, até sentir o ponto de frio. Coe e verta a mistura em um copo tumbler longo ou em canecas típicas com a grenadine ao fundo e gelo. Complete com gotas de angostura na superfície. Para decorar, acrescente abacaxi e cereja.

Observações:

Em 1986, foram apresentadas duas versões desse coquetel:

- No copo tumbler longo com gelo, a bebida era preparada seguindo a proporção de 1/10 de Orange Curaçao, 1/10 de licor Maraschino, 2/10 de suco de limão fresco, 2/10 de suco de abacaxi, 4/10 de rum branco, acrescentando pedaços de abacaxi e, na superfície, 2 cerejas com 2 colheres de rum escuro.

- No copo tumbler longo com gelo, adicionam-se gotas de angostura, 1/10 de sirope de grenadine, 3/10 de suco de limão fresco ou lima e 6/10 de rum escuro. Completa-se com água gaseificada e decorar com rodela de laranja e limão.

Em 1993, foi proposta uma única versão, elaborada com 6/10 de rum escuro (ou meio branco e meio escuro), 3/10 de suco de limao fresco e 1/10 de grenadine. Todos os ingredientes deviam ser batidos em uma coqueteleira e coados. A bebida devia ser servida em um copo tumbler longo, decorado com laranja e limão, completando com água gaseificada.

Em 1994, o coquetel passou a ser elaborado seguindo as mesmas doses de 1993, mas utilizando o rum branco. A bebida era montada diretamente no copo tumbler longo com gelo, decorado com laranja e limão. Para finalizar, eram adicionadas 2 colheres de rum escuro, como na versão de 1986.

SCREWDRIVER (IBA)

5 cl de vodka
Suco de laranja fresco
Gelo
Rodela de laranja

Despeje a vodka em um copo
tumbler longo, complete com o
suco de laranja e decore com uma
rodela de laranja.

SEX ON THE BEACH (IBA)

4 cl de vodka
3 cl de licor de pêssego
4 cl de suco de cranberry
5 cl de suco de laranja fresco
Rodelas de laranja
Cereja
Gelo

Despeje a vodka, o licor
de pêssego, o suco de
cranberry e o suco de laranja
diretamente num copo
tumbler longo com bastante
gelo. Decore com rodelas de
laranja e cereja.

SINGAPORE SLING (IBA)

2 cl de dry gin
1,5 cl de licor cherry brandy (Cherry Heering)
1 cl de licor Cointreau
1 cl de Bénédictine D.O.M.
1 cl de grenadine
12 cl de suco de abacaxi fresco
1 cl de suco de limão fresco
3 gotas de angostura (bitter)
Gelo
1 rodela de abacaxi
1 cereja

Agite todos os ingredientes na coqueteleira com bastante gelo até sentir a sua palma da mão gelada. Em seguida, coe e transfira para um copo longo (escandinavo) e decore com abacaxi e cereja.

Observação: esta receita nasceu no Singapore Raffles Hotel, onde tive o prazer de estudar, aprendendo a tradição malaia de servir o coquetel com amendoim, quebrando a casca com os pés.

TEQUILA SUNRISE (IBA)

4,5 cl de tequila
Suco de laranja fresco
1,5 cl de grenadine
1 rodela de laranja
Cerejas

Despeje a tequila em um copo tumbler
alto, completando com o suco de laranja
e bastante gelo. Com cuidado, adicione
a grenadine, para que ela se deposite no
fundo e o coquetel fique com um tom de
sunrise (nascer do sol). Decore com uma
rodela de laranja e cerejas.

HORSE'S NECK (IBA)

4 cl de cognac
Ginger ale
4 gotas de angostura (bitter)
Espiral de limão ou laranja
Gelo

Em um copo tumbler longo,
coloque o cognac, a espiral de
limão ou laranja e a angostura.
Complete com ginger ale e gelo.

Observação: pode-se substituir o
cognac por bourbon whiskey.

F

HARVEY WALLBANGER (IBA)

4,5 cl de vodka
3 cl de licor de baunilha (Galliano)
Suco de laranja fresco
Gelo
Rodelas de laranja

Em um copo tumbler longo, coloque gelo e acrescente a vodka e o licor, completando com o suco de laranja. Decore com um pedaço de laranja à francesa ou com uma rodela da fruta.

GIN FIZZ (IBA)

4,5 cl de London dry gin
3 cl de suco de limão fresco
2 cl de sirope simples (açúcar)
Água de seltz
Squeeze de limão

Agite na coqueteleira o gin,
o suco de limão e o sirope
simples. Coe a mistura e
transfira para um copo tumbler
longo com gelo. Complete com
água de seltz e decore com um
squeeze de limão.

F

CUBA LIBRE (IBA)

5 cl de rum
1 cl suco de limão
B.R.S.A. cola
1 rodela de limão

Despeje o rum em um copo
tumbler longo com gelo e
complete com a cola. Decore
com uma rodela de limão.

BELLINI (IBA)

**5 cl de suco de polpa de pêssego
Prosecco**

Em uma taça flûte previamente
resfriada, coloque o suco de
pêssego e complete com o
prosecco gelado.

Variações:
• Puccini (suco de tangerina fresco)
• Rossini (suco de morango fresco)
• Tintoretto (suco de pomelo fresco)

BARRACUDA

4,5 cl de rum escuro
2 cl de licor Galliano
6 cl de suco de abacaxi fresco
1 cl de suco de limão fresco
Espumante

Coloque o rum, o licor e os sucos em uma coqueteleira com gelo. Agite até gelar, transfira para uma taça martini e complete com espumante.

Mocktails (sem álcool)

SHIRLEY TEMPLE

8 cl de suco de limão fresco
1,5 cl de grenadine
Ginger ale
1 rodela de limão
Gelo

Despeje o suco de limão e a grenadine diretamente em um copo tumbler longo com gelo. Decore com uma rodela de limão.

F 0%

COQUETEL DE FRUTAS

6 cl de suco de laranja fresco
7 cl de suco de abacaxi
5 cl de suco de caju
3 cl de suco de uva
Creme de leite (opcional)

Bata o sucos na coqueteleira com gelo, coe e transfira a bebida para um copo tumbler longo. Se preferir, adicione creme de leite.

Uma outra opção de preparo é montar direto no copo os sucos de abacaxi, caju e uva. Separadamente, bata em uma coqueteleira o suco de laranja com o creme de leite. Disponha esse suflê por cima da bebida e decore com frutas da época.

F   0%

FLORIDA COCKTAIL

6 cl de suco de laranja fresco
6 cl de suco de toranja fresco
3 cl de suco de limão fresco
1,5 cl de sirope simples (açúcar)
Água gaseificada
Gelo
Limão
Cereja

Bata os sucos e o sirope com gelo,
transfira a bebida para um copo
tumbler longo resfriado com gelo
e complete com água gaseificada.
Decore com limão e cereja.

F 0%

F   0%

FROZEN (J.P.A.)

½ laranja
½ maçã
6 cl de sidra
3 cl de sirope de Curaçao Blue
Gelo

Bata todos os ingredientes em um liquidificador com muito gelo, até a mistura ficar homogênea. Coe e transfira a bebida para um copo ou caneca de porcelana. Decore a gosto.

Coquetéis de café

MOCCAFÉ

6 cl de café espresso (quente)
1,5 cl de sirope de amêndoas
  tostadas ao chocolate
  (chocolate toasted almond)
2 bolas de sorvete de creme
Creme chantilly

Derreta o sorvete de creme
e o coloque em um copo
apropriado para bebidas quentes,
adicionando em seguida o café
quente e o sirope de amêndoas.
Finalize com o chantilly.

PAULISTA SHOT

2 cl de grenadine
2 cl de café (frio)
2 cl de creme de leite

Monte direto em um copo
de shot por camadas,
dispondo primeiro a
grenadine, depois o café e,
por fim, o creme de leite.

SAHARA

1 colher de café em pó
2 cl de sirope de gengibre
6 cl de leite
3 cl de creme de leite fresco
Calda de morango
Gelo

Bata em uma coqueteleira
com gelo o café, o sirope, o
leite e o creme de leite. Agite
vigorosamente, coe e sirva a
bebida em um copo tumbler
longo resfriado. Decore
com calda de morango nas
paredes internas do copo.

F   0%

Coquetéis premiados

Nesta seção você encontra seis receitas criadas pelo bartender Pedro Cardoso, algumas premiadas internacionalmente, além de coquetéis dos bartenders Carlos Felix e Nelson Dias Filho, igualmente premiados.

JP | CAMPEÃO IBÉRICO NA ILHA DA MADEIRA

5 cl de vinho madeira Justino's (dry)
3 gomos de tangerina
1 cl de sirope de coco
3 cl de licor Charleston Follies
Refrigerante de maracujá

Coloque os gomos de tangerina em um copo tumbler longo e amasse-os com um stick. Em seguida, adicione o sirope, o vinho, o licor e gelo. Complete com o refrigerante de maracujá e decore com frutas da época.

F

TIKI | CAMPEÃO BRASILEIRO MONIN SIROPE

3 cl de rum escuro
2 cl de sirope de amêndoas tostadas
  (toasted almond)
3 cl de suco de limão-siciliano fresco
3 cl de licor de melão midori
10 cl de suco de laranja
Energético
Carambola
Laranja
Gelo

Bata o rum, o sirope, os sucos e o
licor em uma coqueteleira com gelo.
Coe, transfira a bebida para um
copo escandinavo longo com gelo e
complete com o energético. Decore
com carambola e laranja.

F

MOJITO DOURADO | 1º TORNEIO DE BACARDI MOJITO, SÃO PAULO

3 cl de rum Bacardi branco
2 cl de suco de limão-siciliano
5 laranjas kinkan
1 colher (de bar) de açúcar
2 ramos de hortelãs frescas (somente o broto)
2 gotas de bitter Orange
Gelo

Em um copo tumbler longo, coloque as laranjas, a hortelã, o açúcar e o suco de limão, amassando os ingredientes com um stick. Acrescente o rum e bastante gelo. Complete com água gaseificada. Mexa com a colher bailarina e decore com ramos de hortelã.

VAASA | CAMPEÃO DA MELHOR RECEITA DE FINLANDIA VODKA, EM SÃO PAULO

3 cl de Finlandia Vodka
3 cl de absinto
6 cl de suco de couve
Gelo

SUCO DE COUVE
4 folhas de couve manteiga frescas
10 cl de água
Açúcar demerara a gosto
1,5 cl suco de limão

Para fazer o suco de couve, triture as folhas de couve com o suco de limão e o açúcar. Coe com uma peneira fina e deixe decantar.

Para preparar o coquetel, gele o mixing glass, depois acrescente a vodka, o absinto e o suco de couve com gelo. Resfrie bem a mistura mexendo com colher bailarina. Coe essa mistura, vertendo o líquido para a taça martini resfriada. Decore com folha de hortelã ou outra erva.

Observação: o coquetel é servido frio, mas sem gelo na taça.

OPORTO |
VICE-CAMPEÃO
PAULISTA, 1990

5 cl de vinho do porto Tawny
3 cl de dry vermute Noilly Pratt
2 cl de Crème de Fraise de Bois
4 gotas de angostura (bitter Orange)

Em um mixing glass, coloque gelo
e mexa com a ajuda de uma colher
bailarina, para resfriar o utensílio.
Retire a água do recipiente, adicione
todas as bebidas e gele a receita,
fazendo movimentos rápidos. Coe e
transfira o conteúdo para uma taça
martini. Decore com um morango.

MOKMONKEY

8 cl de creme de banana
2 cl de suco de limão
5 cl de suco de folhas de cenoura
3 cl de suco de manga
Citrus
Gelo

Bata bem em uma coqueteleira o
creme de banana e os sucos, até
gelar. Coe, transfira para um copo
tumbler longo com bastante gelo e
complete com o citrus.

F  0%

ÁGUA DOURADA

3 cl vodka
1,5 cl de licor (43)
2 cl de vinho branco seco
1,5 cl de vermute rosso
4 gotas de angostura (bitter)
Zestes de laranja
Gelo

Em um mixing glass, adicione gelo para resfriá-lo e retire a água que sobrar com um strainer. Depois, adicione todas as bebidas no mixing e, com a ajuda de uma colher de bailarina, misture-as, para gelar. Sirva o coquetel em uma taça martini resfriada e decore com zestes de laranja.

Observação: esta receita foi criada por um dos bartenders mais vitoriosos da coquetelaria, Carlos Felix, o Carlinhos, e foi a campeã paulista, em 1998.

SERRERA

3 cl de vodka
2 cl de licor Curaçao blue
1,5 cl de suco de limão
Água gaseificada
Gelo
Abacaxi
Casca de laranja
Cereja

Bata em uma coqueteleira com
gelo a vodka, o licor e o suco.
Verta a mistura em um copo
tumbler longo com gelo. Complete
com água gaseificada e decore
com pedaços de abacaxi, casca de
laranja e cereja. Com esta receita,
o grande bartender Nelson Dias
Filho foi campeão pan-americano
e mundial em Portugal, em 1982.

Coquetéis brasileiros

BATIDA

4 cl cachaça
4 pedaços de manga
3 pedaços de abacaxi
Leite condensado (a gosto)
Gelo

Descasque as frutas e bata-as em um liquidificador, com cachaça, gelo e leite condensado. Verta a mistura em um copo americano.

Nota do autor: para mim, este é o verdadeiro clássico coquetel brasileiro. Na década de 1980, muitos bares surgiram para vender exclusivamente batidas.

F

CAIPIRINHA

5 cl de cachaça branca
3 parte de um limão tahití
1 colher (de sopa) de açúcar
Gelo

Corte o limão em pedaços e
coloque-os em um copo com
açúcar. Amasse os ingredientes
com o auxílio de um stick.
Acrescente gelo e complete com
a cachaça. Mexa com a colher
bailaria e decore com o bastão de
cana-de-açúcar.

F

CAJUÍNA TÔNICA

4 cl de cachaça *premium*
  infusionada em folhas
  de tangerina
18 cl de cajuína
Água tônica
1 rodela de caju
Laranja
Hortelã
Gelo

Monte direto na taça balloon
a cachaça, a cajuína e o gelo.
Complete com água tônica.
Como acompanhamento,
adicione laranja, hortelã e
uma rodela de caju.

F

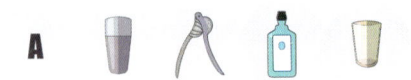

RABO DE GALO

1ª OPÇÃO (CLÁSSICA)
4 cl de cachaça envelhecida
3 cl de vermute rosso

Monte direto em um copo
americano. Sirva frio, sem gelo.

RABO DE GALO

2ª OPÇÃO
4 cl de cachaça *premium*
3 cl de vermute rosso
2 cl de Cynar
1,5 cl de Jurubeba
Casca de laranja
Gelo

Coloque a cachaça, o vermute,
o licor e a Jurubeba em um
mixing glass. Resfrie a bebida
com a ajuda de uma colher
bailarina. Coe e transfira
o conteúdo para uma taça
martini ou de coquetel sem
gelo. Também se pode servir a
bebida em um copo americano
com uma esfera de gelo. Para
decorar, queime uma casca
de laranja e coloque-a dentro
do copo.

THREE STICKS

2 cubos de limão-siciliano
3 gomos de tangerina
2 cubos de limão-cravo
1 cl de sirope de amêndoa
   tostada (toasted almond)
6 cl de cachaça
Gelo

Amasse as frutas e o sirope.
Coe a mistura e transfira
para um copo old fashioned.
Complete com cachaça e
gelo a gosto. Decore com um
bastão de cana-de-açúcar.

Tendências da coquetelaria

Temos notado alguns direcionamentos cada vez mais comuns no consumo e na elaboração de coquetéis, que listamos a seguir.

1. BEBIDAS COM BAIXO TEOR DE ÁLCOOL

Uma população que envelhece cada vez mais, jovens preocupados com saúde, leis mais rígidas para punir os que bebem e dirigem, entre outros fatores, têm feito com que cada vez mais consumidores procurem coquetéis com baixo teor alcoólico ou mesmo sem álcool.

2. INSPIRAÇÃO CULINÁRIA

O mundo da gastronomia e da mixologia têm se cruzado e trocado não só técnicas como também receitas, por isso a criatividade ao inovar com receitas doces, inspiradas em sobremesas, e salgadas, inspiradas em pratos conhecidos, tem invadido os bares ao redor do mundo.

3. HARMONIZAÇÃO DE COQUETÉIS COM PRATOS

Já vimos que o mundo da gastronomia e da coquetelaria andam juntos, por vezes se cruzam ou, ainda, se complementam. A harmonização entre bebida e comida, um campo antes dominado principalmente pelo vinho e mais recentemente pela cerveja artesanal, começa a ser explorado pelos coquetéis. Deixamos aqui algumas dicas para fazer essa harmonização.

SABOR

Explore o sabor mais marcante ou o do elemento com mais umidade.

EQUILÍBRIO

A harmonização entre bebida e comida exige equilíbrio: saboreando uma sobremesa doce, deve-se evitar um coquetel doce e utilizar algo que agregue acidez, enriquecendo a combinação.

PLANEJAMENTO

É fundamental adequar as suas opções às suas condições. Ofereça um drink e um prato que você pode executar com perfeição e servir com excelência.

DIMENSÃO DAS PORÇÕES

A regra geral é uma bebida menor com a entrada. Um long drink com o prato principal e novamente um coquetel menor na sobremesa.

TEMAS

A harmonização com base, por exemplo, em algum vegetal ou fruta da época que possam ser explorados tanto no prato quanto na bebida é uma boa opção.

PROMOÇÃO

Certifique-se de que seus clientes conheçam as opções de harmonização de coquetéis com pratos, por meio de uma equipe preparada para oferecê-la, do menu ou da recomendação do chef.

4. SUSTENTABILIDADE

Todos sabemos da importância do aproveitamento de recursos – além de ajudarmos o meio ambiente, geramos economia, melhorando a rentabilidade do bar.

Outro aspecto positivo é que as pessoas estão se tornando cada vez mais conscientes sobre o tema e adotando novas atitudes para usar recursos de maneira sustentável. Por isso, é de esperar que seus clientes exijam o mesmo do seu bar.

Frequentemente, mudanças simples, como desligar máquinas de gelo e desconectar aparelhos elétricos das tomadas à noite, podem fazer uma enorme diferença. Confira algumas outras dicas:

» Ao servir grupos, utilize bebidas preparadas no bar (ginger ale, tônica, cerveja, etc.).

» Assim como na cozinha utilizamos um animal inteiro para fazer carnes, sem desperdiçar nada, fazemos o mesmo no bar, usando a planta completa. No caso de um simples limão, você pode ralar as cascas para saborear ou enfeitar, fazer twist como decoração, usar o suco ou, ainda, fatiar a fruta.

- » Busque alternativas aos corantes e saborizantes.

- » Reduza o uso de plástico.

- » Planeje menus com três a seis meses de antecedência para aproveitar a sazonalidade dos ingredientes locais.

- » Adote a filtragem de água sempre que possível, em vez de utilizar água mineral.

- » Elimine produtos de uso único, como canudos plásticos, substituindo-os por produtos feitos a partir de materiais sustentáveis.

- » Economize seu tempo. Durante o serviço, atenda "um cliente e meio" por vez, ou seja, enquanto estiver finalizando um pedido, comece a preparar o próximo pedido.

- » O derramamento e a queda de estoque são geralmente causados por falta de atenção. Foque a tarefa que está sendo executada, especialmente ao montar bebidas complexas.

- » Use o jigger para medir suas doses. Ele não só reduz as chances de desperdício, como assegura a qualidade da receita e dá um ar muito mais profissional.

- » Confirme pedidos sobre os quais você tem dúvida. Erros e ordens equivocadas são frequentemente causados por comunicação ineficiente.

- » Certifique-se de que a limpeza e o reparo regulares de equipamentos do bar são praticados. Equipamentos defeituosos devem ser relatados imediatamente para conserto.

- » Feche bem as garrafas e gire o estoque para garantir que garrafas mais velhas estejam na frente das mais novas.

Glossário

Absinto: bebida de cor verde-
-clara extremamente forte,
obtida por infusão de ervas,
sobretudo anis e artemísia.

Acquavit: ortografia italiana de
acqua vitae ou eau-de-vie. Os
italianos alegam que a origem
não é de acqua vitae, mas sim
de aqua di vite. A água da vida
designa o líquido incolor obtido
por destilação do vinho.
Veja *aquavit*.

Acutilou: opuntia, sabra e licor
israelita aromatizado de laranja
e chocolate.

Advocaat: bebida chamada
de leite de galinha, geralmente
feita com aguardente de vinho
e gema de ovo. Nos países
baixos, a advocaat tem entre
15 e 18 graus. É muito espessa
e se consome com colher.

Agave: planta da família
das amarilidáceas que
cresce sobretudo no México.
Denominada de planta
secular, o agave tem uma
seiva abundante, de onde os
mexicanos produzem três
bebidas: pulque, tequila e
mescal.

Água de seltz: água
carbonatada com ácido
carbônico (H_2CO_3), que, quando
instável, se transforma em água
com gás dióxido de carbono

(CO_2). É a famosa água de sifão.
A água de seltz (Selters wasser)
naturalmente gaseificada tem
sua origem na Alemanha na
região de Taunus (não confudir
com a região de Seltz do Baixo
Reno, na França).

Aguardente: nome de
espirituosos em países de
língua espanhola e portuguesa.

Aiguebelle: licor feito na
França. A receita foi descoberta
em um mosteiro de La Trappe,
e cerca de cinquenta ervas dão
seu gosto. Há duas versões:
verde e amarela, sendo a verde
a mais forte.

Alambique/alquitarra:
aparelhos de destilação,
derivados de alquimistas.

Álcool: resultado da
fermentação gerada por
enzimas e células de leveduras,
convertendo o açúcar dos
sucos em gás carbônico e
álcool etílico. Entre os sucos
fermentados, os álcoois se
combinam com os ácidos para
produzir os ésteres.

Ale: cerveja amarela feita a
partir de malte, também é um
tipo de fermentação e "cerveja"
em dinamarquês.

Alkermès: licor agradável de
especiarias; a cor excitante vem

de um inseto ("cochenille") que lhe dá o próprio nome em persa.

Allasch: da família do Kümmel, apreciado na Inglaterra, Polônia e Rússia. Este licor leva o nome da localidade de Allasch, perto de Riga (Letônia). É feito com grãos de cominho.

Amer Picon: marca de um bitter francês consumido como aperitivo. Feito de vinho e álcool neutro, gosto de laranjas e quinino, erva que lhe dá o amargor.

Amontillado: variedade de jerez, de cor menos pálida do que o fino, porém mais rico em buquê do marco de Montilla-Moriles, Andaluzia.

Amor-perfeito: este licor, de cor púrpura, é elaborado a partir de numerosos ingredientes (laranja, limão, etc.). Cada licorista tem sua própria receita.

Angostura: bitter à base de rum, feita em Trindade e Tobago. Receita ainda secreta da família Siegert, herdeiros do inventor. O doutor Siergert, cirurgião do exército de Simón Bolívar, criou o bitter de ervas e plantas.

Anis: nome genérico dado às bebidas e licores na França e na Espanha. As bebidas à base de anis se bebem geralmente com água. As marcas mais conhecidas são Pernod, Ricard e Berger. Veja *pastis*.

Anisete: licor com gosto de anis. Ao retornar das Índias Ocidentais, um viajante confiou a receita a uma bordalesa chamada Marie Brizard.

Antilles: rum produzido por destilação de cana-de-açúcar, criado nas Antilhas e feito ainda nas ilhas do departamento francês e nas Antilhas Britânicas.

Aperitivo: termo muito vago que designa praticamente todos os álcoois antes do almoço ou jantar, por abrirem o apetite.

Apple brandy: nome inglês da aguardente de maçã, obtida por destilação de cidra. Os mais famosos são o calvados (França) e o applejack (Estados Unidos).

Applejack: na mais estreita lógica, applejack é a aguardente de maçãs feita na América.

Apricot brandy: álcool seco, sem açúcar adicionado, obtido por destilação de suco de damasco. O mais célebre é feito na Hungria.

Apricot licor: licor de damasco, que não deve ser confundido com aguardente de damasco. O licor é feito com eau-de-vie de vinho, açúcar e damasco. Produzido por Marie Brizard et Roger, em Bordeaux, França.

Aquavit, Akvavit, Akevit: álcool consumido nos países escandinavos, que consiste em destilação de cereais e batatas. Nos dois casos, são perfumados com grãos aromáticos, notadamente cominho e espécies de condimentos. Os escandinavos bebem frappé segundo a tradição, regando smorgasbord. O nome evidentemente vem do latim acqua vita. Veja *acquavit*.

Arjan: um dos nomes mais famosos do koumiss, álcool obtido por fermentação do leite de égua azedo. É uma bebida dos tártaros.

Armagnac: aguardente de vinho. Sua região de origem, Armagnac, localiza-se no sudoeste da França, na terra de D'Artagnan, subdivisão provençal das antigas Gascogne.

Aroma: composto de substâncias voláteis percebidas pelo olfato e capazes de despertar o paladar, que intensificam aromas de frutas e flores. Por exemplo: o julgamento de um vinho jovem; não confundir com o buquê, que vem da evolução da bebida.

Arrack, Arraki, Arack, Arak, Raki: são os nomes que derivam da palavra árabe que significa "suco" ou "suor". Designam em geral o "álcool indígena".

Aurum: marca de licor italiano cor dourada, com gosto de laranja amarga.

Atholl Brose: bebida de origem escocesa à base de whisky, mel e aveia.

Asall: mel fermentado consumido na África Oriental.

Attemperateurs: tubos metálicos em forma de espiral que emergem dentro das cubas de fermentação.

Bacardi: marca de rum de origem antes cubana e, agora, de Porto Rico, Bahamas, México e Brasil. Nome também de coquetéis.

Baco: nome dado ao deus grego do vinho e da vinha, que os romanos assimilaram a Líber, velha divindade da Itália central que presidia a cultura do vinho e da vinha.

Bagaceira: aguardente portuguesa feita de bagaço de uvas.

Banadry: licor de banana feita por Bardinet, França.

Barbados water: um dos primeiros nomes dados ao rum. Barbados é uma ilha independente das pequenas Antilhas onde foram feitos os primeiros runs.

Barentrank: literalmente, bebida de urso. Esta bebida é feita na Prússia Oriental com álcool de batata e mel.

Bartzch: aguardente produzida por fermentação de ervas do norte da Ásia.

Basi: destilado feito de cana-de-açúcar fermentada nas Filipinas.

Basier Kirschwasser: eau-de-vie de cerejas, Suíça.

Batavia-Arack: rum fortemente aromático feito na ilha de Java. O nome é das espécies de ervas que lhe dão um cheiro forte que lembram o de suor humano.

Batzi: eau-de-vie de maçã suíça equivalente ao calvados francês.

Bebidas espirituosas: nome genérico dado aos destilados.

Bénédictine D.O.M.: licor célebre e muito popular elaborado pela primeira vez em 1510, no mosteiro dos beneditinos de Fécamp, por dom Bernardo Vincelli, para fortificar e revigorar os mais cansados.

Bhang (bang): vinho feito na Índia por infusão de água e folhas de cânhamo.

Bière: é o nome geral de todas as espécies de cervejas amarelas, escuras, ligeiras, ou fortes, vendidas como chope, em garrafas ou em caixas de metal, feitas com malte, açúcar, água, etc.

Bitter: bebida espirituosa de grau variado, perfumada com raízes, cascas e ervas. Todos os bitters comungam características como o amargor e pretensões terapêuticas. Os mais famosos são: angostura (Trinidad e Tobago), amer picon (França), boonekamp (Holanda), campari (Itália), fernet branca (Itália), abbots aged bitters (Estados Unidos), laws peach bitters e orange bitters (Inglaterra), pommeranzen (Holanda e Alemanha), secrestat (França), unicum (Hungria).

Black velvet: coquetel veludo preto, mistura de stout e champagne.

Blending: "mistura", em inglês.

Bock: cerveja castanha originária de Einbeck, cidade alemã. Criada na metade do século XIII como "bock", que significa "bode" em alemão. Nos Estados Unidos, ela é feita na primavera com os sedimentos prelevados dentro das cubas de fermentação. Produção que não dura mais que seis semanas. Na França, a palavra bock significa um copo contendo 12,5 cl de cerveja vendida sob pressão.

Bombom crema: licor com gosto de mel feito em Cuba.

Bonded spirits: aguardentes ou vinhos entrepostos sobre o controle das aduanas ou do fisco. Nos Estados Unidos, esta prática registra certo sistema de apelação.

B.R.S.A.: bebidas refrescantes sem álcool – as bebidas gaseificadas são conhecidas como sodas, e não como refrigerantes.

Brannvin: outro nome para aquavit.

Bristol milk: jerez oloroso doce.

Brut: sobre o rótulo de uma champagne, essa palavra indica muito seca.

Buchu: é um licor sul-africano praticamente desconhecido. É um licor com ervas selvagens que os africanos usaram por séculos para tratar de seus males depois de dor de estômago, picada de cobra, dores no joelho e boa e má sorte.

Buquê: qualidade organoléptica do vinho em virtude de sua acidez volátil. O buquê deve ser limpo, sem o menor defeito. Os odores são produzidos por dispersão dos ésteres e éteres compostos do envelhecimento do vinho.

Cachiri: licor de mandioca feito nas Guianas.

Cajuada: licor africano feito de castanhas de caju fermentadas.

Calisaya: licor espanhol que tem gosto amargo de quinino.

Campari: bitter de cor avermelhada, perfumado com ervas e cascas de laranja. Produto italiano de Milão, feito na casa Fratelli.

Campbelltown: um dos dois pontos de fabricação do whisky e de malte nas Western Highlands. Campbelltown fica situado na península de Kintyre, que se estende para o sul sobre Firth of Clyde.

Cap corse: aperitivo feito de ervas e vinho.

Cape smoke: uma aguardente de qualidade inferior da África do Sul.

Caramelo: açúcar queimado para dar cor às aguardentes que ficam em envelhecimento.

Carbônico, gás: CO_2. A fermentação dos açúcares, sob o efeito de leveduras, pouco a pouco transformam em partes iguais álcool e gás carbônico.

Carpano: com certeza, o mais antigo dos vermutes italianos, feito em Turim. Há uma versão clássica, a amarga e a doce.

Carta Blanca: rum leve de Porto Rico e Cuba.

Carta Oro: rum leve, de Porto Rico e Cuba, com adição de caramelo e um pouco doce.

Cassis: licor avermelhado feito com açúcar e bagas de cassis. O mais conhecido é o de Dijon, mas também é feito em outros lugares. Nesta vila e arredores se toma como aperitivo, misturado com vinho branco. É uma receita atribuída ao Presidente da Câmara de Dijon (KIR).

Centerba: licor italiano feito com uma centena de ervas diferentes, entre as quais se destaca a menta. Conhecido também como silvestro, em homenagem ao frade São Silvestre, que teve a ideia de sua mistura.

Cerasella: licor de cerejas italiano vermelho, enriquecido com ervas.

Chambéry: esta cidade de Savoie é famosa pelo vermute extrasseco que fabrica.

Champagne: Appelation Contrôlée. Vinhos brancos espumantes.

Chartreuse: licor famoso feito na Tarragona (Espanha) e em Voiron (França), pelos monges da ordem dos chartreuses. Elaborado com álcool, ervas finas e plantas nobres.

Cherry Heering: licor de cerejas produzido na casa de Peter Heering de Copenhague (Dinamarca), conhecido mundialmente por seu gosto autêntico de cerejas. Feito com uma fórmula de fabricação não muito doce em razão dos caroços usados durante a destilação. É um dos cordiais mais conhecidos nos Estados Unidos.

Cherry Licor: cordial obtido em maceração em eau-de-vie de vinho doce. O Cherry Rocher é célebre na França.

Chinchón: destilado feito de anis na Espanha. Bebe-se com água em grandes copos.

Chopine: pequeno vaso ou garrafa de vinho igual a meio litro.

Climat: o nome significa *vinha*, em Bourgogne; equivalente a cru de Bordeaux.

Clos: vinha cercada por muros ou por bosques. São vinhas certamente merecedoras de uma Appelation de origens particulares. Algumas não gozam de privilégio, mas são célebres: Clos Pouilly-Fuissé, Clos Chablis, Clos Côte-Rôtie, etc.

Cobblers: tradução literal de "bebidas dos sapateiros". Nos Estados Unidos, são coquetéis com sucos de frutas, vinhos ou álcool, decorados com frutas e bagas.

Cocuy: licor feito na Venezuela com uma planta do deserto chamada sabila.

Cointreau: licor célebre de laranja feito em Angers, parecido com Curaçao. Tantos fabricantes utilizaram a locução Triple Sec Curaçao Blanc que a família Cointreau dá seu próprio nome ao licor.

Commune: nas regiões de bons vinhos, as crus agrupadas sobre um território de um ou mais communes têm geralmente o nome de Appelation d'Origine Contrôlée.

Coñac: nomenclatura usada inadvertidamente na Espanha para aguardente de vinho.

Congêneres: chamam-se congêneres as características dos gostos e dos aromas que a destilação deixou na matéria destilada.

Cognac: eau-de-vie feita de vinho no sudoeste da França, em Charente, região costeira de muita neblina e iluminada por raios solares de um conteúdo excepcional de raios ultravioleta.

Coquetéis: mistura que, em geral, contém mais de uma bebida.

Cordial: bebida à base de álcool, adicionada de frutas ou substâncias aromáticas, seguindo vários métodos: infusão, maceração ou simples mistura. É sempre doce. A palavra é quase sinônimo de licor.

Coupe: copo ou taça com pé.

Cream Sherry: jerez pesado e forte. Pouco conhecido na Espanha, lançado na Inglaterra e popular nos Estados Unidos.

Creme: sobre o rótulo de uma garrafa de licor, a palavra indica somente que ele se misturou com um licor de açúcar, e sua diferença está na aguardente.

Crème Yvette: antigo licor americano muito doce e perfumado com violetas de Parma. Recebeu o nome de Yvette Guilbert, diva francesa.

Cru: vinha de grande qualidade, que geralmente tem *status* particular perto das leis de classificação.

Cruzan Rum: rum de Santa Cruz (arquipélago das Ilhas Virgens).

Cumin liquidum optimo castelli (cloc): é uma mistura de licor branco dinamarquês com sementes de cominho, cujo nome significa "o melhor licor de cumin do castelo". É uma espécie de kümmel.

Curaçao: a origem de um licor holandês feito com cascas de laranjas que nascem nas ilha de Curaçao, Antilhas Holandesas, ao largo da Venezuela. Esta bebida é tão popular quanto os destiladores que a vendem sob diversos nomes. Cointreau e Grand Marnier são dois exemplos.

Damson gin: gin britânico que tem gosto das pequenas ameixas negras de Damson.

Danziger Goldvasser: licor branco perfumado com cominho.

Degustação: permite julgar as características e qualidades de uma bebida pelo gosto e odor.

Demi-sec: vem no rótulo da garrafa de champagne para designar que seu mosto não é seco, mas pouco doce.

Destilação: princípio físico que consiste em separar dois ou mais líquidos misturados entre eles. A segunda destilação permite suavizar o sabor e o vigor de uma aguardente.

Dionísio: Deus grego do vinho. Provavelmente originário da Trácia, Dionísio é uma divindade da natureza, simbolizando a fecundação do vinho. Na mitologia grega, é filho de Zeus e de Sêmele.

Dom Pérignon: padre legendário do Champagne.

Dop Brandy: aguardente sul-africana de vinho.

Doux: etiqueta que define o vinho com gosto de açúcar. Exemplos: Sauternes e Barsac Champagne.

Douzico: espirituoso turco parente do kümmel.

Draff: resíduos sólidos que ficam dentro das cubas depois da fermentação do grão que faz o whisky (não confundir com draft beer, chope, lager).

Drambuie: licor composto de whisky, mel, urze e ervas. Sua receita secreta pertence à família Mackinnon, dos arredores de Edimburgo, Escócia. O nome foi uma corrupção da expressão gaélica *an dram buidheach* (o licor que satisfaz).

Eau-de-vie: álcool de vinho. Designa todo álcool consumível, produto de destilação. As eau-de-vie mais conhecidas:

armagnac e cognac, produtos destilados de vinhos e o calvados destilado de cidra e todas as frutas.

Edelweiss: licor italiano feito com extratos de flores dos alpes.

Echt: kümmel russo ou polonês que contém cristais de açúcar.

Elixir d'Anvers: Marca de licor feito por F. X. de Beukelaer, de Anvers, com ervas e plantas maceradas em eau--de-vie de vinho. Espirituoso dourado, bastante doce e muito perfumado.

Enzian: licor obtido por destilação de resinas gentiane amarelas que vão até um metro de altura. É um tipo de schnapps dos mais aristocratas. O Enzian provém dos países alpinos e vizinhos.

Espumante: significa mousseux.

Ésteres: composição orgânica proveniente de uma reação lenta entre os ácidos do vinho e o álcool.

Éteres: corpos químicos compostos que competem, permitindo as composições importantes dos vinhos e aguardentes que lhe conferem buquê e aroma.

Fixes: drinks preparados à base de bebidas espirituosas (destilados). O método consiste em preencher um tumbler (12 cl) com gelo triturado, suco de 1/4 de limão, 1 colher de café de xarope de abacaxi e uma dose de cognac (ou de rum, gin, anis, armagnac, whisky, calvados), e decorar com pequenos cubos de abacaxi e a metade de um limão.

Flip shaker: à base de gema de ovo e de um destilado à escolha. Salpicar com noz-moscada raspada. Preencher um copo old fashioned ou um copo alto e estreito com 2/3 de água gaseificada bem gelada. Verter sem misturar.

Framboise eau-de-vie: bebida com teor alcoólico de 40 ou 20 graus, conforme a variedade. É produto da destilação de framboesas, sendo perfumada, mas muito seca; é transparente. O nome pode também designar um licor de framboesas.

Frozen: bebida congelada confeccionada no mixer elétrico ou shaker. É necessário utilizar gelo esmagado muito fino, servido com a mistura. Consome-se lentamente e com canudinhos.

Galliano: licor italiano preparado com ervas e aromático, bonito e de cor amarela-palha.

Genciana: aperitivo à base de álcool resultante de infusão, após a maceração de raízes de genciana no álcool a cerca de 16%. Exemplos: Salers 1885, Suze 1889.

Genever: gin holandês. É geralmente comercializado nas garrafas em grés. Já foi conhecido como hollands ou ainda schiedam, do nome do famoso porto holandês de Roterdã.

Genièvre: aguardente de bagas de genévrier.

Gin: é uma aguardente de grão (milho, cevada ou centeio) originária dos países anglo--saxões. O gin é perfumado com diferentes aromas naturais, essencialmente com zimbro.

Ginger ale: refrigerante à base de gengibre, criado na época da Lei Seca.

Glayva: licor à base de whisky, mel e aromas.

Gold strike: licor muito forte, à base de canela.

Golpeado: bebida servida principalmente como *after--dinner*, em um copo de gelo esmagado.

Grand Marnier: é um licor de laranja ao qual se acrescenta cognac (40 graus). Como na maior parte dos licores de laranja, o Grand Marnier é obtido a partir da destilação de cascas de laranja.

Grappa: aguardente de engaços de uva, proveniente do norte da Itália.

Grogues: preparações quentes, incluindo bebidas espirituosas (rum, whisky, cognac, calvados, etc.), completadas com água fervente, edulcorantes e uma ou duas colheres de café de açúcar (ou mel). São decoradas com uma fração de limão picado mais um ou dois cravos-da-índia. Pode-se também acrescentar canela (pó ou pau). Como todas as bebidas quentes, os grogues são servidos em copos de tipo pirex, resistentes às mudanças bruscas de temperatura, com porta-copos (para não se queimar os dedos bebendo).

Guignolet: licor de cereja menos alcoólico que o cherry brandy.

Hesperidina: licor argentino elaborado a partir de laranja amarga.

Hidromel: feito com os resíduos de extração de mel cuja fermentação é acelerada pelo fermento de cerveja.

Highball: coquetel servido num copo tumbler longo sobre gelo. O copo é preenchido com água com ou sem gás, tônica, Coca--Cola, ginger ale, etc.

Highland malt: whisky de puro malte.

Hubertus: licor húngaro de teor alcóolico de 40 graus, com ervas e cítricos.

Hypocras: vinho de licor à base de vinho, canela, pimenta, cravo-da-índia, noz-moscada,

gengibre, açúcar e pedaços de maçã.

Irish cream (Baileys): licor preparado a partir de natas, whiskey irlandês e chocolate.

Irish mist: Licor de ervas irlandês (35 a 40 graus) preparado a partir de whiskey irlandês e mel de urze.

Izarra: licor do País Basco preparado com ervas, plantas aromáticas e armagnac. Existe o Izarra amarelo (40 graus), açucarado, e o Izarra verde (50 graus), mais forte.

Jerez, xerez ou sherry: vinho espanhol cujo grau de álcool é aumentado por adição de aguardente. Existem várias espécies, como o fino ligeiro e muito seco, manzanilla, mais áspero, ou cream sherry, que é mais suave e o preferido dos ingleses. É chamado de sherry na Inglaterra – não confundir com cherry (cereja).

Julep: coquetel à base de água, aromatizado com hortelã fresca esmagada e servido com gelo esmagado. Decora-se com folhas de hortelã fresca.

Kahlúa: licor de café de origem mexicana.

Kamok: licor de café criado em 1860 pela família Vrignaud, em Luçon Vendée (França). É um licor a 40 graus elaborado a partir de diferentes variedades de café, de qualidade superior à do arábica, que envelhece exclusivamente em barris de carvalho.

Kao liang: aguardente de sorgo, destilada no norte da China. É envelhecida pouco tempo antes de se juntar a outras aguardentes e ser engarrafada.

Kibowi: licor exótico à base de kiwi, de cor verde.

Kirsch: aguardente fermentada, muito aromática, extraída de cerejas.

Korn: aguardente de grãos (35 a 40 graus) do norte da Alemanha, com gosto de anis e obtida por destilação.

Krupnik: licor polaco de mel e ervas, com teor alcoólico de 30 graus.

Kümmel: licor de 30 a 40 graus, com gosto de anis, proveniente do norte da Europa. Obtido por destilação, é aromatizado com cominho e erva-doce.

Licor: termo genérico que designa as bebidas alcoolizadas, não fermentadas, resultado da mistura de álcool (aguardente ou álcool neutro), açúcar (xarope de açúcar ou às vezes de mel) e aromáticos (frutos, plantas ou grãos). O seu teor médio de álcool é de 40 graus, mas também pode ser encontrado entre 16 e 60 graus. É o teor de açúcar que o faz parecer menos forte.

Madeira: vinho português de 20 graus, originário da ilha de Madeira. Seu teor alcoólico pode ser aumentado pela adição de aguardente.

Málaga: vinho licoroso feito com uvas colhidas na região de Málaga.

Malibu: rum incolor composto de coco.

Mandarina: licor de sabor suave e agradável, é preparado a partir das cascas de tangerina. Conhecido igualmente sob os nomes comerciais de Mandarino Imperial ou Mandarineto.

Maraschino: o maraschino é um licor obtido por destilação de uma pequena cereja originária da região de Trieste (Itália).

Marie Brizard: casa fundada em 1755 em Bordeaux por Marie Brizard. Também é um nome dado ao licor de anis, aromatizado com zestes de limão, coentro e canela.

Marsala: vinho licoroso da Sicília.

Mei kwei lu: licor chinês temperado com especiarias e perfumado com rosas, com teor alcoólico de 44 graus.

Mezcal: aguardente mexicana, com teor alcoólico de 40 graus, obtida por destilação dos frutos do agave. Às vezes, é comercializada em garrafa com o verme do agave.

Midori: licor japonês de cor verde, com gosto de melão.

Milk punches: preparações à base de leite.

Millefiori Cucchi: licor italiano de flores e ervas, cujo teor alcoólico é de 45 graus. Cada garrafa contém uma branchette coberta de açúcar cristalizado.

Mirabelle: ameixa amarela escura, destilada, sobretudo, em Lorena, na França. São necessários cerca de 18 quilos para um litro de eau-de-vie.

Mistelle: mosto de uva ao qual é acrescentado algum álcool para parar a fermentação (Pineau des Charentes).

Moscatel: vinho licoroso (Espanha e Portugal).

Mosto: sumo de uva e de maçã que ainda não foi fermentado.

Mulls ou mulled wines: vinhos quentes. Para o seu preparo, aquece-se o vinho (tinto ou branco) e acrescentam-se um pouco de açúcar e especiarias. Não é necessário deixar ferver e deve ser servido muito quente. Pode-se acrescentar qualquer espécie de destilados (cognac, rum, vermute, porto, jerez, madeira) para dar alguma "força" ao vinho quente, mas é necessário saber que o álcool evapora rapidamente quando se aquece a mistura.

Napoléon: índice de envelhecimento em barris: para o armagnac, seis anos; para o cognac; seis anos e meio.

Nocino: licor aromatizado com cascas de nozes verdes, cujo teor alcoólico é de 28 graus. É considerado um licor de virtudes digestivas, com final ligeiramente amargo.

Noilly Prat: é um vermute elaborado em Marselha (Languedoc, França). O Noilly Prat branco é famoso, mas existe igualmente um Noilly Prat Rouge.

Old fashioned: nome de copo e receita de coquetel.

On the rocks: nome que se dá a drinks de bebidas espirituosas com pedras de gelo.

Orgeat: sirope obtido por maceração de amêndoas esmagadas em água, aromatizado com flor de laranjeira.

Original triple lime: licor à base de cognac e limão verde.

Ouzo (ou Ouxo): equivalente ao pastis grego. Licores aperitivos transparentes, perfumados com anis ou alcaçuz, geralmente consumidos com água ou gelo, que tornam a mistura leitosa e opaca.

Paraíso: nome do lugar onde as grandes casas de cognac conservam suas reservas mais antigas.

Passer (coar): deixar escoar o líquido no vidro, retendo o gelo em shaker graças ao coador.

Passoã: licor à base de sumos de maracujá, de cor vermelha viva.

Pastis: termo genérico para as bebidas espirituosas (45 graus) feitas de anis.

Poire Williams: eau-de-vie elaborada por fermentação seguida de destilações sucessivas de peras Williams. Os licores de pera são obtidos misturando-se aguardente e açúcar e não devem ser guardados por muito tempo.

Pernod: mais seco que a pastis e libera, adicionando-se água, com forte gosto de anis. Substitui o absinto nos coquetéis.

Picon: marca de licor amargo à base de laranja, genciana e quinquina, com teor alcoólico de 21 graus.

Pimms' Cup: cordial criado por James Pimms no século XIX, em Londres, à base de gin, whisky, brandy, rum ou vodka.

Pineau des Charentes: é uma mistelle preparada a partir de sumos de uva e de cognac velho, com teor alcoólico de 16 a 22 graus.

Peppermint get: nata de hortelã criada em 1796, por Jean Get à Revel (Haute-Garonne).

Pisang ambon: marca de licor exótica, de cor verde, cujo teor alcoólico é de 21 graus.

Pisco: aguardente de vinho do Chile e do Peru, à base de videira moscatel.

Plymouth: gin inglês proveniente de Plymouth. É menos aromatizado e mais suave do que o London dry gin.

Punch (ponche): o termo "punch" vem da tradução da palavra híndi "panch", que significa "cinco", representando o número original de ingredientes do preparo. O punch surgiu na Inglaterra antes de 1700 e está intimamente ligado à Marinha Real Britânica. Durante suas viagens, marinheiros, piratas e corsários ingleses misturavam açúcar com álcool não refinado feito de melaço chamado *tafia*. A bebida entrou na moda na Inglaterra antes de fazer sucesso na França, na metade do século XVIII. A receita consiste em misturar chá, limão, açúcar e rum produzido no Caribe (principalmente em Santa Lúcia). Outras variações do punch levam rum, frutas em pedaços e o suco dessas frutas. Podem ser feitas em opção alcoólica ou não. Tradicionalmente, o ponche é servido em uma poncheira para várias pessoas.

Porto: vinho fortificado em Portugal. É elaborado a partir de vinho, misturado com aguardente vínica.

Pousse coffee: drink em camadas; bebida digestiva para ser servida após as refeições. A preparação de um pousse coffee consiste em verter, num copo estreito e longo, diversos ingredientes (licores, xaropes, sumos de frutos, destilados), sucessiva e muito delicadamente, para que se sobreponham sem se misturar. É muito bonito de se ver, quando bem elaborado, e surpreendente de beber. A chave do sucesso consiste em verter primeiro os ingredientes mais densos (açucarados) e dispor os elementos cada vez menos densos em camadas sucessivas. Pode-se fazer esse preparo com as costas de uma colher.

Prunelle: licor à base de abrunho, de teor alcoólico de 35 graus, com sabor de amêndoa, marcado e delicado, vindo dos núcleos de abrunho. Os licores mais conhecidos são da Borgonha.

Pulque: bebida de origem mexicana obtida por fermentação do fruto e seiva do agave.

Punt e Mes: vermute tinto italiano amargo, produzido pela marca Carpano.

Puro malte: scotch feito de cevada, preparada com malte 100%.

Quinquina: vinho aperitivo contendo quinquina (casca de quinina). Marcas conhecidas: Byrrh, Embaixador, Dubonnet, Saint-Raphaël.

Refrescado: diz-se de um líquido frio, mas não congelado. As garrafas que se deseja refrescar podem ser deixadas algumas horas em geladeira.

Ratafia: é um licor composto de dois terços de sumos de uva e um terço de aguardente de vinho.

Rum: é uma aguardente elaborada a partir da cana-de--açúcar que, primeiro, é posta para fermentar e, depois, é destilada.

Rickeys: bebidas semilongas da família dos Collins, servidas tradicionalmente em copos old fashioned com algumas bebidas espirituosas, suco de limão e água gaseificada, mas sem açúcar. Um exemplo de receita: sobre alguns cubos de gelo, verter o sumo de uma metade de limão e duas medidas de whisky (ou gin, cognac, calvados, etc.). Misturar com colher. Completar com água gaseificada. Decorar com uma rodela de limão.

Riscanis: mistura de genièvre e anises (Lila).

Rossolis: óleo de rosa, em italiano. Aguardente aromatizada (anis, erva-doce, aneto, coentro, cominho, açúcar, água de camomila).

Russkaya: vodka russa, cujo teor alcoólico é de 40 graus.

Rye whiskey: É o whiskey americano produzido a partir de centeio.

Safari: marca de um licor com aroma marcado de frutas exóticas, cujo teor alcoólico é de 20 graus.

Sambuca: anisete italiano com forte sabor de anis.

Sangaree ou zurra: bebidas semilongas similares aos rickeys, mas cuja base pode ser uma cerveja, um vinho, um porto ou jerez, às vezes, destilados, sobre os quais se salpica noz-moscada raspada. São servidas frequentemente em copos old fashioned.

Sakê: bebida japonesa à base de arroz fermentado, com teor alcoólico de 12 a 16 graus, sendo às vezes destilado.

Sauce inglês: trata-se do molho inglês ou Worcestershire sauce.

Schnapps: aguardente de grãos ou de batata, de gosto forte e pouco aromatizado. Assemelha-se ao aquavit, ao korn ou ao weinbrand.

Schnaps de hortelã: licor transparente de hortelã (peppermint schnapps), geralmente mais seco e mais temperado com especiarias e nata de hortelã, cujo teor alcoólico é de 30 graus.

Scotch: whisky feito apenas na Escócia, de teor alcoólico aproximado de 40 graus. É uma mistura de whisky de grão e de whisky de malte. Cada marca produz um tipo diferente, de acordo com o equilíbrio da mistura (blend) dos dois tipos de whisky, mas o gosto de turfa domina. Há malte na mistura, que é leve e contém whisky de grão.

Shaker: gobelet de metal ou de vidro, que serve para misturar líquidos. Existem dois tipos de shaker: de dois elementos (coqueteleira de Boston) e de três elementos.

Sherry: é o nome em inglês dado ao vinho jerez. Não confundir com o cherry (cereja em inglês).

Shooters: short drinks (cerca de 4 cl), chamadas shots, que são servidas em pequenos copos bastante espessos. São geralmente muito fortes, frequentemente ardidas, e bebem-se, a princípio, em um único gole (daí o nome).

Shrubs: variedade de grogues, decorados com extratos de frutos (de xarope ou de nata), servidos em copos com pé de 25 cl. Anteriormente, os shrubs eram preparados a partir de maceração de frutos aquecidos dos quais se extraía o suco. Hoje, utilizam-se as polpas (de groselhas pretas, framboesa, morango, etc.) ou os xaropes. Para elaborá-los, verte-se a água fervente por medida de polpa das frutas, uma medida de cognac (ou de rum) e duas colheres de café de açúcar. Não confundir com o cherry, licor de origem dinamarquesa.

Sidra: bebida feita de suco das maçãs fermentadas na França, Inglaterra e outros países da Europa.

Sirope: é uma solução preparada à base de frutos (ou de extratos) e açúcar.

Slings: bebidas longas, quentes ou frias, à base de bebidas espirituosas (gin, cognac, rum, whisky, calvados, etc.), sumos de limão com um pouco de xarope de açúcar, completadas com água (gelada ou quente), servidas em copos tumblers. São conhecidas como gin slings, bebidas dos climas tropicais no tempo dos impérios coloniais.

Slivovitz: aguardente de ameixa sérvia. Nome empregado igualmente em vários países do Leste Europeu.

Smash: short drink feito à base de bebidas espirituosas e hortelã fresca (pequenos juleps), servido sobre gelo em copos old fashioned. O método consiste em esmagar folhas de hortelã frescas em pouco de açúcar e água, acrescentando alguns cubos de gelo e uma medida de destilado (cognac, gin, kümmel, rum, whisky). Decora-se com um ramo de hortelã fresco, uma rodela de laranja e zestes de limão em espiral.

Snaps: aquavit sueco.

Soho: licor à base de lichia, cujo teor alcoólico é de 24 graus.

Sours: drink à base de sumos de limão e de bebidas espirituosas. Pode-se acrescentar um pouco de açúcar (ou xarope), a fim de manter na bebida seu caráter ácido e adstringente. Em sua elaboração, adiciona-se um pouco de água gaseificada e uma rodela de limão. Se quiser uma bebida mais suave, pede-se um fizz. Frequentemente, decora-se um sours com uma cereja (além do limão). O conhecido whisky sour pode também ser feito como um sour, com gin, rum, cognac, vinho, champagne, sidra, etc.

Southern Comfort: licor à base de Bourbon e pêssego, fabricado no Missouri (Estados Unidos).

Splash: lance de alguma bebida complementar, conhecido também como golpe de mão.

Squeeze: consiste em cortar um limão à francesa e espremê-lo com a mão para extrair o seu suco.

St. Raphaël: vinho aromatizado que pertence à família das quinquinas. O St. Raphaël tinto é mais conhecido, mas existe também um St. Raphaël branco.

Steinhager: gin alemão à base de grãos, aromatizado com zimbro, de teor alcoólico de 40 graus. Frequentemente chamado de schnapps.

Stolichnaya: vodka russa, cujo teor alcoólico é de 40 graus.

Straight: direto, franco. Beber straight é tomar destilados ou licor puros, sem acrescentar outros elementos. É válido para os shooters.

Strainer: é um coador utilizado para passar os líquidos que provêm do shaker ou de um copo de mistura, a fim de reter o gelo. Não é mais tão utilizado, pois há shakers já com o coador incorporado.

Strega: licor italiano de cor amarela, preparado a partir de ervas e flores.

Suze: licor de genciana, cujo teor alcoólico é de 16 graus. É uma bebida aperitivo francesa, ligeiramente amarga e com gosto pronunciado de raízes. Seus ingredientes compreendem nomeadamente raízes de genciana.

Swizzles: long drinks à base de rum ou outras aguardentes preparados em copos e servidos com swizzle stick. O que o define não é a mistura, mas o movimento com o bastão ou os mexedores.

Tabasco: molho picante, originário dos Estados Unidos, preparado a partir de pimentas vermelhas maceradas no vinagre com especiarias, sal e açúcar.

Tafia: aguardente feita com açúcar (Antilhas).

Tequila: é uma aguardente obtida por destilação dos frutos fermentados da agave, colhidos numa região delimitada no centro do México.

Tia Maria: licor de café, com aroma potente, elaborado na Jamaica.

Toddies: bebidas semilongas servidas frias ou quentes. Um exemplo de receita: num vidro (tumbler ou vidro de cerca de 12 cl), verta sucessivamente uma medida de bebidas espirituosas (rum, whisky, cognac) e uma colher de açúcar em pó. Adicione água (quente ou fria). Pode-se também acrescentar algumas gotas de angostura.

Toranja: laranja híbrida de laranja com pomelo – polpa vermelha, amarga, cítrica e de ligeira doçura.

Triple Sec: é também chamado de Curaçao. Numerosos licoristas elaboram triplos secos.

Tuica (Tzuica): aguardente romena à base de ameixa.

Vandermint: licor aromatizado de chocolate e hortelã, com teor alcoólico de 25 graus, feito a partir de uma receita holandesa original.

Vermute: aperitivo à base de vinho, seu nome deriva do anglo-saxão *wermod*. Distinguem-se vermute italiano e vermute francês, mais seco. Seja branco ou rosso, são preparados a partir de vinho, álcool, planta aromática e açúcar ou jeropiga.

Verveine: licor preparado à base de ervas e de substâncias aromáticas. Existe o amarelo, açucarado e suave, e o verde, mais forte.

Vinho aromatizado: solução alcoólica, resultado da mistura de vinhos e de extratos aromáticos.

Vinho de palma (tubo, marufo, toddy): bebida fermentada de seiva de palmeiras na África Ocidental. No hinduísmo, Madurai Veeran é uma divindade que consome toddy.

Vodka: aguardente de grãos de teor alcoólico de 40 graus, originária da Polônia, muito pouco aromatizada. Existem as vodkas russas e finlandesas. Wodka é a ortografia polaca.

V.S.: very superior. Designação de idade para as aguardentes francesas de denominação e origem (cognac, armagnac, calvados).

V.S.O.P.: very superior old pale. Designação de idade para as aguardentes francesas de origem (cognac, armagnac, calvados), que não devem ter menos de quatro anos. Napoléon é empregado para as que têm pelo menos cinco anos.

Williamine William: aguardente de peras Williams (são utilizados 28 quilos de peras para um litro de aguardente pura).

Wine cup: mistura à base de vinho do porto ou jerez. Prepara-se numa xícara ou diretamente no copo. Consome-se quente ou frio.

Worcestershire: sauce ou molho inglês. É um condimento de origem inglesa, preparado essencialmente a partir de melaço, extrato de carne e anchovas, échalote, alho e especiarias.

Xarope de açúcar: é uma solução de açúcar, geralmente de bengala, transparente ou branco. Uma colher de café desse xarope equivale a cerca de 3 gramas de açúcar em pó.

X.O.: extra old, indica um envelhecimento de seis anos para o armagnac e de seis anos e meio para o cognac.

Ypocras: vinho de especiarias (canela, anis, gengibre, cravo--da-índia e açafrão) macerado seis meses em mel antes de se acrescentar o vinho de Maury (vinho suave Languedoc--Roussillon). Criado em 1912 por Anthelme Thibaut, em Pérouges.

Żubrówka: álcool neutro do norte da Europa, com teor alcoólico de 40 graus, aromatizado com erva bisão. Especialidade polonesa.

Referências

BAR ACADEMY. Site institucional. Disponível em: https://www. diageobaracademy.com. Acesso em: 11 dez. 2019.

BJCP style guidelines. How to tell your Ale from your Lager. **BJCP style guidelines**. Disponível em: https://www.bjcp.org/stylecenter. php. Acesso em 11 dez. 2019.

BOLTON, R.; THOMAS, J. **Bartender guide**. New York: Value Classic, 1887.

BRASIL. Lei nº 8.069, de 13 de julho de 1990. Disponível em: https:// presrepublica.jusbrasil.com.br/ legislacao/91764/estatuto-da-crianca-e-do-adolescente-lei-8069-90#art-243. Acesso em 5 ago. 2019.

BRASIL. Lei nº 11.705, de 19 de junho de 2008. Disponível em: https://presrepublica.jusbrasil.com. br/legislacao/93536/lei-do-alcool-lei-11705-08. Acesso em: 5 ago. 2019.

BRASIL. Lei nº 13.546, de 19 de dezembro de 2017. Disponível em: http://www.planalto.gov.br/ccivil_03/_Ato2015-2018/2017/Lei/L13546. htm. Acesso em: 5 ago. 2019.

BROWN P.; BRADSHAW, B. **World's best ciders**. New York: Sterling Epicure, 2013.

CAILHOL, M.; GROSSELIN, B. **Pratique du bar et des cocktails**: etude sur les boissons, cocktails, technologie du bar, getion. Paris: BPI, 1994.

CHICOTE, P. **El mundo bebe**. Madrid: Aguilar, 1972.

CLUBE DO BARMAN. Site institucional. Disponível em: https:// clubedobarman.com/shaken-james-bond. Acesso em: 11 dez. 2019.

DUFFY, P. G. **The standard bartender's guide**. New York: Permabooks, 1955.

FURTADO, E. **Copos de bar & mesa**: história, serviço, vinhos, coquetéis. São Paulo: Editora Senac São Paulo, 2009.

INTERNATIONAL BARTENDERS ASSOCIATION (IBA). Disponível em: http://iba-world.com. Acesso em: 11 dez. 2019.

JACKSON, M. Whisky: **O guia mundial definitivo**. São Paulo: Editora Senac São Paulo, 2011.

PACHECO, A. de O. **Manual do bar**. 7. ed. São Paulo: Editora Senac São Paulo, 2010.

REGAN, M. **The bartender's best friend**: a complete guide to cocktails, martinis, and mixed drinks. 2. ed. New York: Houghton Mifflin Harcourt, 2010.

SABINO, J. **Cocktails e técnicas de bar**. 2. ed. Lisboa: Gráfica, 1995.

SANTOS, J. I.; DINHAM, R. **O essencial em cervejas e destilados**. São Paulo: Editora Senac São Paulo, 2006.

SANTOS, J. I.; JUNIOR, D. V. **Conheça vinhos**. São Paulo: Editora Senac São Paulo, 2011.

TRINDADE, A. G. **Cachaça**: um amor brasileiro. São Paulo: Melhoramentos, 2006.

WALKER, M. **Cocktails**. London: Harper Collins, 1983.

WINE AND SPIRIT EDUCATION TRUST (WSET). **Apostilas nível 3 rev. 2012**. [S. l.]: WSET, 2012.

Sobre os autores

PEDRO ALVES CARDOSO

Natural da região do Dão, no centro de Portugal, está há mais de trinta anos no Brasil, hoje seu país de coração.

Formado em bebidas pela Shatec, em Singapura, e membro da Associação Barmen de Portugal, após conquistar diversos prêmios e campeonatos na área de bares, sentiu o chamado de suas raízes e especializou-se em vinhos, tornando-se sommelier pela Associação Italiana de Sommeliers (AIS), em Piemonte, Itália. É também membro da Associação dos Escanções de Portugal (AEP) e participou do Wine Spirit Education Trust (WSET) III, em Vila Nova de Gaia, Portugal. Dentre suas experiências profissionais importantes, destacam-se a abertura de um bar móvel na Alemanha; estudo *in loco* de bebidas da história celta; participação em campeonatos de coquetelaria dos cinco continentes, tendo sido campeão de alguns deles; e atuação como barman em renomadas casas de São Paulo.

Como instrutor no Senac, foi responsável pelos cursos de formação de centenas de bartenders e sommeliers, realizando inúmeras palestras sobre café, cerveja e coquetelaria internacional.

LUÍSA CORRÊA

Graduada em administração de empresas pela Universidade Mackenzie, com MBA pela Universidade de São Paulo (USP). Atuando como executiva por mais de dezesseis anos na área de marketing de empresas multinacionais do setor de alimentos, teve a oportunidade de conhecer inúmeras pessoas de diferentes culturas e tradições gastronômicas, encontrando, finalmente, sua verdadeira paixão no vinho.

Sommelière pelo Senac, é membro da Associação dos Escanções de Portugal, foi finalista do concurso de melhor sommelier de vinho alentejano em 2014 e embaixatriz do vinho português no Brasil no mesmo ano. Hoje dedica-se integralmente às empresas Eu Levo Vinho e Portugal com Alma.

Índice geral